ON LIBERTY
John Stuart Mill

# 论自由

[英] 约翰·穆勒 著

欧阳瑾 戴花 译

上海文化出版社
SHANGHAI CULTURE PUBLISHING HOUSE

果麦文化　出品

谨以此书为献，纪念我深爱和痛悼的亡妻：她曾是我的灵感之源，与我共同成就了本人所有的精华之作。身为挚友与爱侣，她曾用高尚的诚实与正义之感，给予我最为有力的鼓舞。她的认可，也是对我莫大的奖赏。与多年来本人撰写的所有作品一样，此书同样凝聚了我和她的心血；但本书的实际情况是，其中只有少量内容得到了她的宝贵订正，一些最重要的章节，原本有意留下由她更为细致地加以审阅，可如今注定无法实现，只能永为憾事了。就算我只能阐述出和她一起长眠于地下的那些伟大思想和高尚情感中的一半，也一定会让世人受益，一定会胜于我在没有得到她以无与伦比的智慧对我的激励和帮助时，可能写就的任何一部作品。

这些篇章中阐述的每一条论据，都直接而集中地证明了一条极其重要的主导原则：让人类在无尽丰富的多样性中向前发展，具有绝对、本质的重要意义。

——威廉·冯·洪堡 [1]

《论国家的作用》（*The Sphere and Duties of Government*）

---

# CONTENTS 目录

# 引 言

　　本文探讨的主题，并不是所谓的意志自由（Liberty of the Will），而是公民自由（Civil Liberty），或者说社会自由（Social Liberty），即社会能够合法地行使于个人身上那种权力的性质与界限；意志自由一说，与名不副实的哲学必然性（Philosophical Necessity）学说相对立，十分令人遗憾。本书主题，是人们很少进行一般性的阐述、几乎也从未有人讨论过的一个问题，可它却凭借潜在的方式给当代的各种实际争论带来了深刻的影响，并且有可能在不久之后被公认为是未来的一个生死攸关的问题。它远非一个新的问题，因为从某种意义上看，差不多从远古时代起，这个问题就让人类产生了分化；只是到了如今，一部分文明程度较高的人已经迈入的这个发展阶段，它在新的条件下呈现出来，需要我们以一种不同于以往且更具根本性的观点去看待罢了。

　　自由（Liberty）与权威（Authority）之间的斗争，是我们最先耳熟能详的那一段段历史当中——尤其是希腊、罗马和英国的历史——最显著的一个特点。但在古代，这种斗争却存在于臣民（或者某些臣民阶层）与政府之间。当时所谓的自由，是指保护臣民不为政治统治者的暴政所蹂躏。人们认为，统治者必然持有一种与被统治的人民相敌对的立场（希腊的一些平民政府除外）。统治者要么是一个人，要么是一个行使统治权力的部落或阶层，其权力源自继承或者征服，但不论是哪种情况，他们掌控的权力都不是被统治者心甘情愿赋予的；而且，无论可以采取什么样的防范手段去反抗压迫，人民都不敢（或许也是不想）去反抗统治者的无上权威。人们认为，统治者的权力是必不可少的，但也是极其危险的；这种权力有如武器，统治者可能想用它来对付臣民，就像他们对付外敌时一样。为了防止社会中的弱势成员落得个像猎物被无数秃鹰捕食一样的命运，必须有一只比其他猎食动物都要更加强壮的猛禽，受命去约束那些秃鹰。不过，由于这只"秃鹰之王"嗜好捕猎群禽的程度并不亚于其他任何一头低等秃鹰，因此弱者不可避免地要保持防御态势，时时防备它的尖喙和利爪。所以，当时那些爱国者的目标，就成了为统治者设限，防止后者对社会滥施权力。这种限制，就是他们所指的"自由"。他们曾经作出过两种尝试。第一种，就是让某些所谓的政治自由或政治权利获得公认，倘若侵犯了这些自由或权利，统治者就会被视为失职；而若统治者确实侵犯了这些自由与权利，那么民众具有针对性的反抗，或者全面叛乱，就是无可非议的了。第二种方式，通常都是后来出现的一种变通手段，就是制定宪法来约束，将获得公众同意或者获得一个理应代表公众利益的机构的同意，视为统治者行使权力、采取一些较为重大的举措时的必要条件。欧洲绝大多数国家的统治权，或多或少都是被迫服从这两种制约模式中的第一种。第二种方式则不然；而实现这种制约，或者在已经具有了一定程度的制约之后，再去更加彻底地实现制约，变成了各国热爱自由之士的主要目标。而且，只要人类仍然满足于靠一个敌人去对付另一个敌人，并在确保能够或多或少地有效对抗统治者暴政的前提之下，满足于为一个主人所统治，他们就不会抱有什么非分之想。

然而，人类事务已经发展到了这样一个时代：人们不再认为统治者应当是一个独立的权力机构，且在利益上理应与民众相对立。在他们看来，国家的各级官吏应是他们的承租人或者代表，任凭他们随意撤换，这种情况要好得多。似乎只有那样，他们才能完全确保政府绝对不会滥用各种权力来侵害他们的利益。慢慢地，就出现了统治者应当由选举产生而非世袭更替这一新的要求。不论何地，只要存在平民政党，这种新要求都变成了平民政党为之奋斗的主要目标。而且，它在很大程度上也取代了原先努力限制统治者权力的种种做法。随着旨在让统治权由被统治者定期选举产生的斗争继续进行下去，有些人开始认为，以前人们太过强调对权力本身的限制了。当统治者的利益习惯性与人民的利益相对立时，那种做法（可能看似）是对抗统治者的一种手段。可如今需要的是，统治者应当站在人民一边，并且统治者的利益与意志，应当就是整个国家的利益与意志。国家无需防范自身的意志，国家无需担心它会对自身实施暴政。统治者应当有效地对国家负起责任，并且可以被国家立即罢黜；国家能够自行决定权力的用途，并将权力赋予统治者。统治者手中的权力，就是国家自身的权力，是一种便于行使的集权形式。这种思维方式（更确切一点说，或许是一种感觉），在欧洲的上一代自由主义者当中曾经普遍存在，如今在欧洲大陆上也仍然明显地占据着主导地位。在欧洲大陆的政治思想家当中，那些承认政府权力应当有所限制的人士（除非他们所想的这种政府不应存在）显得十分突出，卓尔不群。我国 [1] 的形势也曾助长过一种类似的论调；若是那种形势后来继续下去，没有出现变化，那么到了如今，这种论调或许早已盛行开来了。

但是，在政治和哲学理论中，成功会暴露出可能本已被失败掩盖起来、不为人察觉的种种失误和缺陷，人们也是如此。在平民政府还只是一个梦想，或者只存在于某个远古时期的传说中并为我们所知时，"人们根本无需限制他们对自己行使的权力"这一观念，看上去可能是不言而喻的。这种观念，也不一定为一些暂时性的反常现象所干扰，比如法国大革命（French Revolution）

引发的动荡；这场革命中，最糟糕的就是少数人篡夺了权力，那种行为根本不属于平民机构那种稳定的运作，而是一种反君主专制和反贵族专制的思潮在突然之间猛烈地爆发了出来。然而，民主共和国的思想开始适时地在很多国家里攻城掠地，变成了国际社会一种最强大的力量；选举制与责任制政府开始受到人们的关注和评论，成了一种重大的既成事实。如今世人都认为，像"自治"和"人们行使对于自身的权力"这样的词句，并未表达出实际情况。行使权力的"人们"，往往并非就是这种权力行使的对象；而所谓的"自治"，也并非每个人自己管治自己，而是由其他所有人对他管治。此外，"人们的意志"实际上是指绝大多数人的意志，或者人群中最活跃的那一部分人的意志，也就是多数派或者说成功地为大众所公认的多数派的意志。因此，人们可能希望压制其中的一部分人，而这种做法与其他任何一种权力滥用行为一样，也必须具有防范措施。所以，就算掌权者合格地对整个社会负责，即对社会中实力最强的一方负责，也丝毫无损于对政府凌驾于个人之上的权力设限的重要性。这种观点，既为许多睿智的思想家所认可，也与欧洲那些重要阶层的思想倾向不谋而合（民主会危及后者的实际利益或者假定利益），所以不费吹灰之力就站稳了脚跟；而在政治思辨中，人们如今则普遍认为，"多数人的暴政"已经成了整个社会必须警惕的弊病之一。

与其他暴政一样，"多数人的暴政"主要是通过政府当局的行为实施的；平民百姓最初认为且仍然庸俗地认为，这种暴政同样可怕。不过，一些有思想的人却认为，倘若社会这个集体本身就是暴君，对组成社会的所有个人施行暴政，那么其暴政手段就不会只限于通过各级政府官吏之手可能实施的行为。社会能够且确实会执行自己下达的强制指令；倘若发出了错误的而非正确的指令，或者对它根本不应干预的事发号施令，那么它实施的就是一种社会暴政，比各种各样的政治压迫更加可怕。因为尽管这种社会暴政通常不会用酷刑来维持，却会让人民摆脱这种暴政的方法变得更少，会更深入地渗透到生活中的方方面面，并让灵魂本身受到束缚。所以，仅仅防范各级官吏的暴政是不够的，还必须防范盛行的舆论与感受导致的暴政，防范下面两种社会倾向：通过民事惩处以外的其他手段，把自身的观点与做法当成行为准则，强加于持不同意见的人身上；限制与其行事方式不一致的个性发展，尽可能地阻碍这种个性的形成，并且强迫所有人都按照社会的模式去改变自己。集体舆论对个人独立性合法干预，是有限度的；对于人类事务保持良好状态而言，找出并且维护好这种限度，使之免遭侵犯，就跟防范政治专制一样，都是绝对必要的。

不过，尽管这种观点一般来说不太可能引发争议，但将这种限度定于何处这个实际问题，即如何在个人独立性和社会管控之间恰到好处地调节，却是一个几乎在各个方面都有待澄清的课题。让生存对于任何人来说都难能可贵的一切，全然取决于对他人的行为实施约束。因此，有些行为准则必须强制遵从，并且首先是通过法律加以实施，而在法律并不适用的诸多问题上，则是靠舆论来推行。这些准则应当包含哪些内容，正是人类事务的首要问题；不过，倘若我们把少量最明显的情况排除掉，它也成了人类在解决过程中进展最少的一个问题。没有哪两个时代，几乎也没有哪两个国家，曾用雷同的方法解决这个问题；一个时代或者国家的解决办法，会让另一个时代或者国家大感惊愕。但任何一个时代、任何一个国家的民众却全然认为，与人类若是一直对某个问题持有共识时的情况相比，其中的困难并不会更大。在民众看来，他们当中流行的那些行为准则，似乎都是不言而喻和不证自明的。这种几乎普遍持有的错觉，就是证明习惯具有神奇影响力的一个例子；习惯非但如谚语所云，是人类的第二天性，而且一直被人类误以为是第一天性。在防止我们对人类强加于彼此的行为准则方面产生疑虑时，习惯的作用尤其彻底。因为在这个问题上，人们一般都认为，由一个人向其他人或者由每个人向自己说明理由，是根本没有必要的。人们非但习惯性地以为，他们在这种问题上的情感要强于理性，从而让理性变得毫无必要；而且，一些向往哲学家品格的人也对这种观念起到了推波助澜的作用。引导人们看待规范人类行为这个方面的实用原则，就是人人心中的下述感受：每一个人，都必须按照自己和深表同情之人所

7

希望的那样去行事。诚然，没有哪个人肯承认，他的评判标准就是自己的个人喜好，可对一种行为的观点若是没有理由去支撑，却只能算是个人的偏好。并且，就算给出了理由，倘若它们只是迎合了他人一种类似的偏好，那么这种观点仍然只是众人的喜好，无非不再是个人的喜好罢了。然而，对于普通人来说，如此受到支持的自身偏好不但是一种令人满意的完美理由，也成了他们形成道德、品味或者礼节的唯一依据。这些方面，并未在他们的宗教信条中明确体现出来，但即便如此，这种理由也是他们理解宗教信条时主要的指导原则。因此，人们的是非观会受到各种原因的影响。这些原因，会影响他们对别人的行为所抱有的希望，且不胜枚举，与决定了他们对其他问题所抱希望的原因一样。这种原因，有时是他们的理性，其他时候又有可能是他们的偏见或者迷信；通常都是他们的社会情感，而反社会情感也不少，比如羡慕或嫉妒、狂妄自大或傲慢无礼；但最常见的，还是他们的欲望或对自身的担忧，是他们那种合法或不合法的私利之心。无论何地，只要存在一个占支配地位的阶级，那么整个国家的道德观主要就是出自这个阶级的阶级利益，以及这个阶级对其阶级优势的感受。斯巴达人和希洛人[2]之间、种植园主和黑奴之间、君臣之间、贵族与平民之间、男女之间的道德观念，在很大程度上都是这些阶级利益与阶级优势感的产物。由此产生的种种情感，反过来又会作用于这个统治阶级的各个成员相互关系中的道德感。另一方面，不管在哪个国家，原本占有支配地位的一个阶级丧失了自身的优势，或者其统治不得人心了之后，该国普遍存在的道德情操，往往就会带有不宽容地厌恶优越感的特征。在法律或舆论强制实施的许可和禁止措施中，行为规范还有一条极其重要的决定性原则，那就是人类对其世俗的主人或者所奉的神灵的所谓好恶可谓是卑躬屈膝。这种奴性虽然在本质上带有自私性，却并非虚伪。它会引发种种相当真挚的痛恨，曾经导致人们将巫师与异教徒活活烧死。在如此众多的卑劣影响下，社会那些普遍而明显的利益在引导道德情操的过程中，自然也会发挥作用，并且发挥的是一种重大的作用；然而，与其说这是一个关乎理性的问题，目的是为了人们自身的利益，还不如说是从中出现的好恶之情导致的结果。这些好恶之情，原本与社会利益关系不大或者毫无关系，只是在确立道德观念的过程中，却发挥了相当巨大的威力。

因此，社会的好恶，或者说其中某些强势群体的好恶，就成了一个重要的问题，实际上还决定了社会制定出来、供大家共同遵守的行为准则，用法律或者舆论来处罚违规者。一般而言，思想和情感方面走在社会前列的那些人，原则上都会任由这种情况不受干扰，而不管他们有可能在其中的一些细枝末节上与之产生什么样的矛盾。他们埋头探究的是社会应当喜欢或厌恶哪些东西，却没有问一问，社会的好恶是否应该成为适用于个人的法律。他们在一些具体问题上本身就持有异见，因此更愿意努力去改变人类对这些问题的感受，而不愿笼统地与异见者一起，把捍卫自由当成共同的事业。只有在一种情况下，人们才会在原则上采取较高的姿态和始终如一地加以维护，并且各国都不是个人在单打独斗，那就是宗教信仰。这种情况具有多方面的启发性，尤其是构成了一个极其显著的例子，说明了所谓"道德感"的不可靠性。因为在一个诚挚的偏执狂心中，"憎厌神学"（Odium Theologicum）正是道德感表现得最明确的例子之一。那些率先挣脱所谓"普世教会"（Universal Church）枷锁的人，通常都与那个教会本身一样，并不允许存在宗教观点差异。不过，等到激烈的冲突结束，却没有让任何一方获得彻底的胜利之后，每个教派就被迫作出让步，只怀有守住它们已经占领的地盘的希望了；而少数派看到他们既没有变成多数派的机会，又无力改变多数派的信仰，就只能向后者请命，以获准持有不同的宗教信仰。所以，正是在这个战场上，几乎也只有在这个战场上，个人对抗社会的各种权利，才在广泛的原则基础上得到了确认，而社会有权处置异见者的说法，也才得到了公开的驳斥。那些给世界带来了宗教自由的伟大作家，大多坚称信仰自由是一项不可剥夺的权利，并且彻底否定了一个人应当为自己的宗教信仰而对别人负有责任的观点。然而，在真正关心的事物中怀有不宽容之心，这是人类的一种天性，因此宗教自由几乎没有在任何一个国家里实现过；只有宗教观念淡漠的国家属于例外，因为它们都不喜欢本国的秩序被宗教争端所干扰，所以这种淡漠态度的分量更重。在几乎所有的宗教信仰者心中，甚至是在一些最开明的国家里，对宽容义务的认可也是含蓄而有所保留的。有人会容忍教会管理事务方面的异见，却容不得教义方面的异见；有人能够容忍任何人，唯独不能容忍天主教徒（Papist）或者一神论者（Unitarian）；有人能够容忍其他人，却单单受不了天启教（revealed religion）信徒；还有少数人虽说宽容之心更甚，却也在信仰一个上帝和天国的人面前止了步。不管在哪里，只要多数派的情操仍然算得上真挚和强烈，我们就会看到，民众被迫遵从多数派的要求的程度，几乎就不会有所弱化。

由于具有独特的政治历史条件，与欧洲绝大多数国家相比，尽管英国如今观念上的束缚或许较重，可法律带来的束缚却较轻。对于利用立法权或者行政权直接干预个人行为的做法，英国人都抱有极大的戒备心理。他们之所以如此，与其说是出于任何一种公正合理地尊重个人独立性的态度，还不如说是出于一种如今依然存在的习惯性思维，认为政府代表着一种与民众相对立的利益。绝大多数英国人，都还没有学会将政府的权力视为自己的权力，没有学会将政府的观点视为他们自己的观点。倘若真的做到了这一点，那么个人自由容易受到政府侵犯的程度，多半不会亚于个人自由已经受到公众舆论侵犯的程度。但是，人们至今仍然满怀强烈的情感，且随时可以激发出来，对法律企图在人们尚未习惯于受其制约的一些方面控制个人的做法进行抵制；至于事情是否位于法律管束的合法范畴之内，这种抵制却完全不加区分。因此，这种情感虽说总体上极其有益，可在应用到具体事例中的时候，或许经常就是对错参半了。实际上，对政府的干预行为是否适当做习惯性的检验，世间并无公认的原则。人们都是根据自己的个人偏好来判断的。

有些人一看到有善举需要实行或者有弊端需要矫正，就会欣然怂恿政府采取行动；还有一些人却宁愿忍受几乎所有的社会弊病，而不愿增添一项服从政府管控、促进人类利益的新举措。并且，在任何一种具体情况下，人们都会根据自身情操的总体倾向，把自己归入这一派、那一派，或者根据他们对政府理当着手的具体事情的关注程度、他们认为政府是否会按照他们喜欢的方式去着手处理，来自行分边站队。

但这种选边站的做法，极少是出于他们对政府适合干什么事情始终持有某种观点所致。在我看来，这种缺乏准则或者原则的后果，就是上述两派目前经常同样犯错；前者不恰当地求助政府干预的现象，与后者不恰当地谴责政府插手的现象，出现频率大体相当。

本文的目标，就在于彰显一条极其简单的原则，它能够绝对支配社会采用强制与掌控手段来对待个人的诸多行为，而不管所用手段究竟是法律制裁这种形式的有形力量，还是公众舆论这种形式的道德胁迫。这条原则就是：无论个人还是集体，人类只有出于自卫这一目的，才能去干涉他人的行动自由。违背文明社会中任何一个人的意志，并且正当地对此人行使权力的唯一目的，也只能是为了阻止他危害他人。出于个人利益，不管是物质利益还是精神利益，都不足以让人去行使这种权力。不能说因为这样做对他更好，因为这样做会让他更幸福，因为在别人看来这样做很明智，甚至是正确的，就振振有词地强迫他去做或不做某件事情。这些方面，都是对他规谏、与之说理、说服或者向他提出恳求的充分理由，却不能作为强迫他的借口，或者威胁说如果不这样做就会让他自食恶果的借口。要想这种做法具有正当性，那么此人应受阻止的行为的目的，必须是对他人作恶。任何一个人唯一应对社会负责的，就是涉及他人的那一部分行为。对于只涉及自身的那一部分，个人依法具有绝对的自主权。对于自己，对于自己的身心这两个方面，个人都具有独立的支配权。

或许我们无需指出，这一原则只适用于那些机能成熟和健全的人。我们所说的，并非是儿童或者低于法定年龄的未成年人。那些仍然需要别人来照料的人，我们既需要防范他们自身的行为，也需要防备他们受到外来的伤害。同理，我们也可以不去考虑那些处于落后状态的社会，因为生活在这种社会里的民族，本身就可以看作是还未成年。在自发性进步的道路上，它们早期都存在极其巨大的困难，以至于几乎没有什么可选的手段来克服这些困难。一位富有进取精神的统治者有权利用任何权宜之计，来达到在其他情况下或许无法实现的某种目的。在对付野蛮民族时，只要目的是促进这些民族的进步，只要所用的手段确实能够达到这一目的，那么专制就是一种合法的统治模式。在人类发展到能够通过无拘无束和平等地讨论来获取进步的阶段之前，自由这一原则并不适用于任何一种情势。在此以前，人们只能绝对地服从像阿克巴大帝或者查理曼大帝这类君主的统治。当然，他们得有幸找到这样的君主才是。不过，人类一旦获得了受到信仰或者劝说的引领来实现自我进步的能力（我们在本文中需要论及的所有国家，早都已经达到了这一阶段），那么无论是直接的强制手段，还是在人们不顺从时用刑罚惩处的强制手段，就不再是一种为了他们的利益而可以容许使用的手段了；只有在为了他人的安全而使用时，这些强制手段才是无可非议的。

可以说，本人并未利用可以从不依赖于"功用"（utility）的"抽象权利"（abstract right）这种观念中获得的任何优势，来支撑我的观点。我认为，功用是所有道德问题的终极诉求。不过，它必须是最广义上的功用，且建立在不断进取的人类的永久利益这一基础之上。我认为，那些永久性的利益要求个人的自发行为服从外部约束这一点，只适用于个人涉及他人利益的行为。若是有人做出了一桩伤害他人的事情，那就有了显见证据（prima facie），可以依法惩处；如果情况并不适用于法律惩处，则可以用舆论谴责的方式去惩处。还有许多有益于他人的积极行为，可以依法正当地强制个人去践行。比如说，在法庭上作证，在共同防御中承担起自己应尽的职分，或者在捍卫社会福祉所必需、个人也能受益的其他共同行动中尽自己的一份责任。还可以强制个人做出某些善行，比如挽救同胞的生命，或者挺身而出来干预，保护弱者免遭虐待；不论何时，凡是明属一个人有义务去做的事情，若是怠于作为，就可依法使之对社会承担起不作为的责任。非但一个人实施的行为可能危及他人，而其不作为也有可能如此；在这两种情况下，此人都理当对由此给他人带来的伤害承担责任。诚然，与前一种情况相比，后一种情况需要我们在实施强制手段时采取更加谨慎的态度。让任何人都须为自己对他人作恶的行为负责，这是规矩；但相对而言，让任何人都对自己未能阻止恶行的不作为担责，却属例外。尽管如此，还是有许多情况清楚、后果严重的实例，足以说明这种例外具有合理性。在涉及个人外部关系的所有事情上，个人对那些利益相关者都负有法律上的（de jure）义务，而在必要时，作为这些利益相关者的保护人，个人也对社会负有法律上的义务。虽说不让个人承担这种义务常常都有充足的理由，可这些理由必须是出于所涉情况中特定的权宜处置之法：或是因为在此种情况中，个人自行做出决断时，整体上有可能做得比社会行使权力并对其加以掌控的时候更好；或是因为社会实施制约的做法会导致其他的弊端，并且这种弊端比社会原本想要防范的弊端更加严重。倘有诸如此类的理由妨碍到了个人承担义务，那么行为人的良知就当承担起法官的角色，去捍卫他人没有获得外部保护的利益；而且，行为人对自己的要求应当更加严格，因为这种情况使得他不会受到其他同胞的审判。

但有一个行为领域，社会就算在这个领域里存在什么利益，也只是间接的利益，从而有别于个人；这个领域，涵盖了一个人的整体生活以及只影响到他自身的所有行为，而若是这些行为还影响到了他人，也只能是在他人自由、自愿、没有受到欺骗地同意和参与的前提下。我所谓的"只影响到自身"，是指这些行为会直接和率先影响到个人自身，因为不论对他自身的影响是什么，它们都有可能经由个人自身影响到他人；至于以这种偶然性为基础而出现的反对意见，我们将在后文中加以考虑。那么，这个领域就是人类自由的恰当范畴。首先，它包括了意识这一内在领域，要求具有最广泛意义上的良心自由，要求具有思想与感觉自由，以及在所有问题上具有绝对的观点与情感自由，而不管它们是现实问题还是思索性问题、科学问题、道德问题或者宗教问题。言论和公开发表意见的自由，似乎可以纳入一条不同的原则之下，因为这种自由属于个人涉及他人的那一部分行为；不过，由于这种自由可以说与思想自由本身一样重要，并且在很大程度上以相同的原因为基础，所以实际上它与思想自由是不可分割的。其次，这一原则要求具有品味和追求的自由，具有根据自己的性格制定人生计划的自由，具有按照自己的意愿行事并为由此导致的后果所制约的自由；只要没有危及到同胞，那么就算后者认为我们的行为很愚蠢、很乖张或者做得很不对，我们也有按照自身意愿行事的自由。再次，从人人享有的这种自由，就衍生出了不同的个人在相同的界限内联合的自由，即只要不会危及他人，就拥有出于任何目的而结成社团的自由；当然，结成社团者应当是成年人，且没有受到胁迫或者欺骗。

从整体来看，不管采用何种政体，凡是不尊重这些自由的社会，都不能称之为自由社会，而凡是上述自由并非绝对和无条件存在的社会，也不是一个彻底自由的社会。唯一名副其实的自由，就是我们按照自己的方式去追求自身利益的自由；当然，前提是我们不会设法去剥夺别人的这种自由，不会对他们努力去实现这种自由的做法构成障碍。每个人都拥有捍卫自己身心健康的正当权利。相互容忍、看似利己地共同生存，与强迫每个人为看似对他人有利地生存相比，会让人类获益更多。

尽管这一原则完全说不上新颖，而在有些人看来，这种学说可能还有点儿像是陈词滥调，可世间再无哪种学说，较之更为直接地与现存观点及实践截然对立的了。人类社会已经竭尽所能，努力想要（根据自身持有的观点）强迫人们遵从其"个人卓越"和"社会卓越"等观念。古代的共和国都认为，它们有权运用公共权力，管制个人的所有行为，而古时的哲学家也支持这种做法；理由就是，国家对每位公民的身心自律都深感关切。这种思维方式，可能被一些有强敌环伺、始终都有被外敌攻击或者内部动荡颠覆之虞的小共和国所接受；它们哪怕是稍稍松懈精神、放松自制力，都有可能带来致命的后果，因此等不起自由带来的种种长远益处。而到了现代，政治共同体的规模日益变大，尤其是宗教权力与世俗权力分离（这种分离，使得引领人类良知的任务，不再掌握在世俗事务管控者的手中了），使得政府无法再利用法律，对个人生活中的方方面面加以严重干预了；但是，各种道德压制工具却孜孜不倦地对付利己主义中异于主流舆论的观点，其不利程度甚至超过了它们对社会问题中各种异见的打压程度。宗教已经变成了形成道德感这一过程中最强大有力的因素，几乎总是被一个野心勃勃地想要全面控制人类行为的统治阶层所支配，或者被清教主义[3]精神所支配。有些现代改革家对过去的宗教持强烈反对的态度，可他们在坚持精神统治权利这个方面，却毫不逊色于各个教会与教派。尤其是孔德先生[4]，此人在其《实证政治体系》（*Systems de Politique Positive*）一书中阐述的社会制度，目的就在于确立一种让社会凌驾于个人之上的专制主义

（尽管采用的是道德工具而非法律手段），相较于古代哲学家中那些最刻板地信奉纪律的人所设想的任何政治理想，更是有过之而无不及。

除了个别思想家提出的一些独特信条，世间还普遍存在一种日益显著的倾向，那就是通过舆论的力量，甚至是通过立法的力量，过分地扩大社会凌驾于个人之上的权力；由于世间一切变革的大趋势都是强化社会的力量，同时削弱个人的力量。因此这种侵害并非一种易于自动消亡的弊端，而是恰好相反，还会变得越来越令人生畏。不管是统治者还是普通公民，人类都喜欢把自己的观点和嗜好当成行为准则，强加给他人；这种倾向，受到了人类天性当中在所难免的一些情感的大力支撑，其中既有最美好的情感，也有最糟糕的情感，因此它几乎不为一切所制约，除了剥夺其权力，就别无他法了。可由于这种权力如今不减反增，所以除非建立起一道强大的道德信念屏障来对抗这种弊端，否则大家就必然料想得到，在当前的世界环境下，我们只能眼睁睁地看着这种弊端日益严重下去了。

我们若非立即开始探究总体论点，首先只去探究其中的一个分支论点，论述起来就会更为容易；本书根据这一分支论点加以阐述的原则，就算不是全然为当前舆论所认可，也在一定程度上获得了当前舆论的公认。这个分支论点，就是思想自由（Liberty of Thought），言论与写作这两种自由，既与思想自由同源，也与之不可分割。尽管这些自由在很大程度上构成了所有承认宗教宽容与自由制度的国家中政治道德的组成部分，但我们可以料想到，它们的哲学与实用基础或许并不为普通大众所熟知，连许多意见领袖也没有透彻地领悟到。正确地理解了这些基础之后，我们就会发现，它们的应用远远超出了本文主题的一个分支的范畴，而彻底探究问题的这一部分，也是引入其他部分的最佳途径。因此，我恳请那些已经熟知本文所论内容的读者原谅；就算这一主题迄今已被人们热议了三百年之久，也容我斗胆再来稍作论述吧！

# 论思想与讨论之自由

就算除一人之外，所有人都持同一种观点，那么，即便只有
这一个人持相反的观点，人类也没有理由去压制这人的意见。




    人们都心怀希望，期待着人类为了捍卫出版自由，将其作为
对抗腐败或者残暴的政府的其中一项保证的那个时代，已经一去
不返。我们可以推想，如今再也不需要争论，去对抗这样一种做
法，即任由一个与人民利益不一致的立法机构或者行政机关，来
准许人民可以持有什么样的观点，并且规定什么样的学说或论点
才能允许人民听到。此外，问题的这个方面，也已由过去的作
家进行了多次成功的论证，因此我们在这里无需再特别加以强
调。尽管在出版这个问题上，英国的法律迄今仍像都铎王朝[1]时
代那样毫无主见，但除了在某个短暂的恐慌时期，大臣和法官们
因惧怕叛乱而行为失当的时候[2]，法律实际上用来对付政治讨论
的危险性几乎不大；且通常说来，不论是否完全对人民负责，宪
政国家的政府一般都不会试图去钳制言论，除非政府变成了代表
着民众那种普遍不宽容态度的机构，才会这样。因此，我们不妨

假定政府完全与人民一条心，并且除非符合人民的意愿，否则政府也不会想要行使任何压制的权力。但我认为，人民并没有权利行使这种压制的权力；无论是由他们亲自行使，还是由代表他们的政府来行使，都是如此。这种权力本身就是不合法的。最好的政府与最坏的政府，都没有这种权力。遵循民意行使这种权力，与违背民意行使这种权力一样有害，甚至危害更大。就算除一人之外，所有人都持同一种观点，那么，即便只有这一个人持相反的观点，人类也没有理由去压制这人的意见；这跟此人若是大权在握，也没有理由去压制整个人类的声音是一样的道理。我们不妨假设，观点是一种个人财产，除了对持有此种观点的人有益，对他人则毫无价值；而阻碍此人享用这种财产，也只会对其本人造成伤害。那么，这种伤害究竟是只会祸及少数人，还是会祸及众人，就有些区别了。不过，压制观点表达带来的特别恶果就在于，它是在剥夺整个人类的这种权利，在剥夺如今这一代人及其子孙后代的这种权利；它是剥夺了反对这种观点者的言论自由，力度甚于剥夺那些赞同这种观点的人的言论自由。如果这种观点是正确的，反对者就会被剥夺通过谬误来获得真理的机会；假如这种观点是错误的，他们就会失去一个差不多同样大的好处，那就是自己在真理与谬误的碰撞过程中，对真理形成的那种更清晰的认知和更生动的印象。

我们必须分别对这两种假设来加以探究，其中每种假设都有一个与之对应的不同分支论点。我们永远都无法肯定地说，自己正在努力压制的那种观点是一种错误的观点；可就算能够肯定，压制它也仍然是一种罪恶。

第一，当局试图钳制的观点，有可能是正确的。一意要对这种观点加以打压的人，自然会否认其正确性；不过，这些人并不会永无谬误。他们没有权力替整个人类在这个问题上作出决断，而把其他每个人的判断方式都排除在外。由于确信某种观点是错误的而拒绝听取这种观点，就是想当然地认为他们确定的事情就是绝对确定的事情。一切封禁言论的行为，都是假定自己永无谬误。正是基于这一普通论点，我们才可以去谴责钳制言论的行为，并不能因为这种观点普通就更坏一些。

可惜的是，对于人类的良好判断力而言，他们可能犯错这一事实，还远未在其实际判断中得到重视，而在理论上，这种情况却总被允许出现；因为尽管大家都很清楚自己可能犯错，却很少有人觉得自己必须采取预防措施来防范错误，也很少有人承认这样一种假设：他们把握十足的任何一种观点，都有可能是一个例子，说明了他们承认自己容易犯下的那种错误。专制的君主，或者其他习惯于别人在他们面前唯命是从的人，对于自己在几乎一切问题上的观点，都持有这种彻底的自信。那些处境较好的人，有时会听到别人对他们的观点提出异议，而在他们错了的时候，也并非全然不会纠正自己的错误，可他们同样极其依赖于身边的人或者他们习惯性地尊重的人，希望后者赞同他们的观点；因为与一个人对自己单独作出判断缺乏信心成正比的是，这种人通常都会把一种含蓄的信任，寄托于整个"世界"的永无谬误之上。对于每一个人而言，世界指的是他能够接触到的那个部分，比如他所在的党派、流派、教派及其所属的社会阶层；相比较而言，如果一个人的"世界"指的是像他的祖国和所处的时代这样全面的东西，那么此人几乎就能称得上是一个思想自由、心胸开阔的人了。即便这种人很清楚，其他时代、国家、流派、教派、阶级和党派以前所持的观点（甚至是现在所持的观点），都与他的观点完全相反，此人也完全不会动摇自己对这种集体权威的信仰。他会把站在正确的立场上对抗他人持有异见的世界，当成自己这个世界的责任；纯粹的意外决定了这无数个世界中哪一个才是他信赖的对象，而让他成为伦敦一位英国国教徒的原因，同样也有可能让他变成北京的一位佛教徒或者儒家学者：这些方面，从来不会让他感到烦恼。但有一点是显而易见的，不论论据多寡，都能证明时代与个人一样容易犯错；每个时代都有众多的观点，后世的人们都认为它们不仅是错误，而且是荒谬的。可以肯定的是，如今普遍存在的许多观点，也会为将来的时代所摒弃，就像过去许多普遍存在的观点被如今这个时代摒弃了一样。

人们有可能对这一论点提出的反对意见，多半会采用如下的某种形式。在禁止谬误传播这个方面，没有哪种永不犯错的假设，严重程度会甚于政府当局根据自己的判断和责任，在其他任何事情上采取的措施。之所以赋予人类判断力，就是为了让人类可以运用这种判断力。难道仅仅因为有可能判断失误，我们就可以对人们说，他们根本就不应该运用自己的判断力了吗？政府当局封禁其认为有害的东西，并不是要求人们不犯错，而是在履行政府的责任；尽管政府当局也会犯错，但政府仍需按照其信念良知去行事。如果我们因为自己的观点有可能错误而从不据其采取行动，那么我们就是对自己的所有利益不管不顾，放弃履行自己所有的职责。一种反对意见若是适用于所有行为，那它就不可能是反对任何一种具体行为的有效理由。尽可能地形成最合乎事实的观点，是政府的职责和个人的义务；我们都应当谨慎地形成这些观点，并且永远不要把这些观点强加于他人身上，除非我们万分确信这些观点是正确的。不过，这样的推理者可能会说，倘若确信自己的观点正确，那么，不敢按照自己的观点去行事，而允许一些学说毫无约束地向外大肆传播，就是没有尽到自己的责任；他们其实都由衷地认为，这些学说会危及人类在此生或者来世的福祉。他们之所以畏缩不前，是因为其他人曾经在开明程度较低的时代，打压过如今人们认为合乎事实的一些观点。让我们小心些，像有些人说的那样，我们不能犯同样的错误；可各个政府与国家，其实已经在其他事情上犯过错误，而且无可否认的是，它们都是政府适合行使其权力的事情，比如说征收苛捐杂税、发动不正义的战争。那么，我们是不是不该征收税赋，是否不管受到什么样的挑衅，也不该发动战争呢？人们和政府一样，都必须尽其所能。世间并不存在"有绝对的确定性"这样的事情，有的只是充分保证人类的各种生存目的。我们可以也必须假定自己的观点是正确的，才能为自己的行为提供指导；而在禁止坏人传播我们认为是虚假和有害的信息，以免它们败坏社会风气时，我们就不再是停留在假设这个层面上了。

我的回答是，假设的那种情况远远不止于此。尽管完全有机会去驳斥，却没有将其驳倒，所以假定一种观点正确，这种情况与为了不许驳倒一种观点而想当然地认为它正确，两者之间有着天壤之别。能够完全自由地驳斥并且反证我们的观点错误，正是一个前提条件，使得我们有理由为了采取行动而假定我们的观点正确；在其他任何条件下，一个人都不可能理性地确保自己的观点是正确的。

我们在探究思想观念的历史，或者探究人类生活当中的普通行为时，会发现这两个方面并未变得比实际情况更糟；那么，我们又该把原因归结为什么呢？当然不在于人类具有理解力这种天生的本领，因为在任何一个并非不证自明的问题上，一百个人里就会有九十九个人完全无力作出判断，只有一个人具有这种能力；而且，此人的能力也只是相对的，因为过去的每一代人当中，绝大多数杰出人士都曾持有过如今的世人已经知道属于谬论的许多观点，并且做过或者赞同过如今没人再为其辩护的无数事情。那么，为什么人类的理性观念和理性行为会在总体上占有优势呢？如果确实存在这种优势（除非人类事务如今并且始终都处在一种几近绝望的状况中，否则就必然存在这种优势），那就是因为人类的思维具有一种特点，即人类可以改正自己的错误；作为一种具有智力和道德观念的生物，人类身上的一切值得尊敬的品质，全都源自思维的这一特点。人类能够利用讨论和经验，来纠正自己犯下的错误。而且，并非仅凭经验就能做到这一点。人们必须讨论，说明如何去解释经验才行。虽然错误的观点和做法会逐渐在事实与论据面前低头，但事实与论据必须直白地摆到思维面前，才能对思维产生影响。倘若无人来评价事实并且揭示出它们的意义，事实是很少能够自明其理的。因此，人类那种判断力的全部力量和价值，都取决于一种属性，即犯错之后能够加以纠正；所以只有始终掌握着纠正之法，我们才能信赖这种判断力。要说有人作出的判断确实值得信赖，那么，这种信赖又是怎么形成的呢？因为此人抱有虚心的态度，能够接受别人对其观点与行为的批评。因为此人已经养成了习惯，听得进一切有可能对他不利的言辞，并且尽可能地像听取公正意见那样从中获益，向自己偶尔也向他人解释谬论中的谬误之处。是因为此人坚信，一个人逐渐而全面地了解某个问题的唯一办法，就是听取观点各异的人对这个问题的评价，并且研究每一个具有不同思维特点的人，可能用哪种思维模式去看待这个问题。智者获取智慧的方法，莫不源自于此；用其他方式来变得聪明，也并不符合人类智力的本质。这种人有一种稳固的习惯，那就是通过比较他人的见解，来纠正和完善自己的观点，在付诸实践的时候，既不会引起人们的疑虑，自己也不会犹豫；这种习惯，就是人们合理地信赖此人观点的唯一的坚实基础。至于原因，就在于此人认识到了所有的反对意见，起码也是认识到了别人明明白白地提出的反对意见，并且采取了与所有反对者相对的立场；他明白自己是在主动寻求反对意见和困难，而不是逃避它们，也没有排斥可能从任何一个角度来把问题阐述清楚的见解，因而他有权认为，自己的判断优于其他任何一个或任何一群没有经历类似过程的人的判断。

人类当中最睿智的人，最有权相信自己的判断；而所谓公众，则是由少数聪明人和多数蠢人组成的，所以要求公众给出这些睿智者发现自己有必要解释信赖自身判断的原因，并不算要求太多。罗马公教原本是一个最不宽容的教派，可即便是在为一名圣徒举行加封仪式的时候，该教派也允许一名"魔鬼代言人"在场，并且会耐心地听取此人的申辩之辞。看来，连至圣者要想获得身后之荣耀，也得先让世人得知并且权衡魔鬼可能提出的所有反对意见啊！假如牛顿的哲学不容许人们去质疑，那么，人类如今就不会这样彻底地确信这种哲学的正确了。我们最有理由依据的种种信仰，其实都没有什么可靠的保证，有的只是永远向整个世界保持开放，让世人来证明它们的无根无据。如果不接受这种挑战，或者就算接受了这种挑战，可人们的尝试却失败了，我们也仍不足以全盘肯定这些信仰的正确性；但那样的话，我们就努力做到了人类理性之现状所允许的一切，也并未忽视让我们有机会接触到真理的任何事物。假如始终都可以提出各种质疑，我们就能够心怀下述期待了：若是世间存在一种更好的真理，那么，只要人类的思维能够接纳，我们就可以发现这种真理。与此同时，我们也可以相信，自己已经找到了接近真理的途径；而在如今这个时代，我们完全有可能做到这一点。它既是人类这种容易犯错的生灵在确定性方面能够达到的高度，也是达到这种高度的唯一途径。

奇怪的是，人类一方面承认支持自由讨论的论据是正确的，另一方面却又反对将这些论据"推向极端"；他们没有认识到，除非这些论据适用于一种极端情形，否则的话，它们就不适用于任何一种情形。同样奇怪的是，他们既承认应当自由讨论所有可能存疑的问题，却又认为应当禁止人们对某种特定的原则或学说提出质疑。因为那种原则或学说是确凿无疑的，也就是说，因为他们确信这种原则或学说是确凿无疑的；可在这种情况下，他们依然认为，他们并不是在假定自己的观点具有绝对的正确性。假如有人在获得允许后原本会否认一种主张的确定性，可实际上却没有获得允准，那么在这种情况下称任何主张确凿无疑，就是在想当然地假定，我们自己以及赞同我们观点的人都是评判确定性的"法官"，并且是不用听取对方意见的"法官"了。

在当前这个被人们形容为"信念缺失而被怀疑论所恐吓"的时代，人们确信的并不是他们的观点全然正确，而是倘若没有观点，他们就会不知所措；因此，声称某种观点应当受到保护、免遭公众抨击时，依据的理由与其说是这种观点很正确，还不如说是它对整个社会很重要。人们曾断言，某些信念十分有用，且不说对人类福祉是如此不可或缺；因此，维护这些信念就是政府的职责所在，政府应当像保护其他任何一种社会利益一样，去保护这些信念。人们还认为，在具有这种必要性且完全属于政府直接职责范畴的情况下，一些不那么绝对无误的东西，就会让政府拥有充分的理由按照其为人类的一般主张所证实了的观点去行事，甚至是迫使政府这样去行事。人们经常论证（并且更加经常地以为），只有坏人才想动摇这些有益的信念；他们认为，约束坏人并且禁止坏人希望去实施的行为，完全没有错。这种思维模式，就让政府有了正当的理由，去限制那些并非关乎学说正确性而是关乎学说实用性的讨论，并让政府利用这种方式，逃脱了自称负责评判观点的绝对正确性的那种"法官"所应承担的责任，因而觉得沾沾自喜。不过，这些自鸣得意的人却没有意识到，他们对绝无谬误的假定，只是从一种观点转移到了另一种观点之上罢了。一种观点是否有用，本身就属于一个观点的问题：与那种观点本身一样，对这个问题也可以展开争论和讨论，并且必须讨论。在判断一种观点有害时，与判断这种观点是错误时一样，我们同样需要一个不可能错误的评判者，除非受到责难的那种观点拥有充分的机会来自辩。在禁止一名异见分子保持其观点正确的同时，却可允准此人保持其观点的有用性或者无害性，这种说法是绝对行不通的。一种观点的正确性，是其有用性的组成部分。我们若是想知道一种主张是否值得信赖，能否不去考虑这种主张的正确性呢？在最好的人看来，任何违背真理的信念，都不可能真正有用，可坏人不这么认为；倘若这样的好人否定了某种据说有用、他们却认为是错误的信条，并且因而被指控有罪的话，您难道还能阻止他们提出上述那些辩护理由吗？支持公认观点的人，是绝对不会放弃对这种辩护理由的一切可能的利用；大家不会发现，他们看待"有用性"这个问题时，仿佛它可以彻底从正确性中抽出来似的，相反，最要紧的一个方面在于，他们的信条就是"真理"，人们必须去承认或者信奉。若是如此至关重要的一种论点只能为一方所用，而不能为另一方所用，人们就不可能对问题的有用性展开公平的讨论。实际上，倘若法律或者公众情绪不允许有人对一种观点的正确性产生质疑，它们同样也会容忍不了有人否认这种观点的有用性。它们充其量能够容许的，不过就是降低这种观点的绝对必要性，或者减轻排斥这种观点的罪恶程度罢了。

　　由于根据自己的判断早已否定了一些观点，因而人们不愿听取这些观点会带来危害的良言；为了更加充分地说明这一点，我们最好用一个具体例子来专门讨论一下。我优先选择的，就是那些对我的观点最为不利的案例；因为在这些案例当中，从正确性和有用性两个方面来反对言论自由的论点，被认为是最有力的。我们不妨假设，受到非难的观点是对上帝的信仰，是对未来某种状况的信念，或者任何一种被人们普遍接受的道德信条。在这样的战场上战斗，给不公正的对手提供了一个重大的优势，因为他肯定会问（许多不想显得不公正的人，也会在心里这样问）：您认为不够确凿无疑，因而不会受到法律保护的信条，是不是这些呢？信仰一个上帝，是不是其中的一种观点，而为了肯定这一观点，您还假定它是绝无谬误的呢？但我必须承认，我所称之的"假定绝无谬误"，并不是指对一种信条（无论什么信条）感到深信不疑。它是指替别人对那个问题作出判断，却不允许他们听取对方可能提出的反对意见。而且，若其出现在本人那些极其严肃的信念当中，我也会照样谴责和驳斥这种自命不凡。无论一个人多么坚定地相信，某种观点既是错误的，又会带来致命的后果，并且不止是带来致命后果，还称得上伤风败俗、毫不虔敬（这是我完全谴责的一种说法），然而，若是此人根据自己的个人判断，拒绝听取别人对这种观点的辩解之辞。那么，尽管此人的判断获得了本国公众或同时代人的支持，他也是在假定自己的判断永无谬误。而且，这种假定令人反感的程度或者危险性，完全不会因为这种观点被说成伤风败俗或者不虔敬而有所降低；这个例子，就是所有假定中最具致命性的一种。正是在这种情况下，一代人才会犯下那些可怕的错误，让子孙后代都感到震惊与恐惧。也正是在这种情况下，我们才发现了历史上一些令人难忘的例子：当时的法律威权，被用于铲除最优秀的人士、消灭最高尚的学说；这种做法，在铲除卓越人士方面取得了可悲的成功，只是有一些学说幸存了下来，（仿佛是在嘲弄似的）被后人援引，用来为他们迫害异见者，或者迫害不赞同他们已经受到公认的判断者的做法辩解。

有一件事情，再怎么提醒人类也不过分，那就是古时曾有一个叫作苏格拉底（Socrates）的人，他跟当时的法律权威和公众舆论之间，曾经发生过一次值得纪念的冲突。他生于一个人才济济、伟人辈出的时代和国度，他的事迹由那些最了解他和那个时代的人士流传了下来，让我们得以窥见这个最富贤德者的面貌；我们也知道，他是后世所有贤德导师的领袖与典范，是柏拉图（Plato）的崇高灵感与亚里士多德（Aristotle）那种明智功利主义的源泉；柏拉图与亚里士多德号称"有识之师"[3]，是伦理道德与其他所有哲学思想的两大起源。苏格拉底是后世所有杰出思想家的公认之师，其赫赫威名在历经了两千多年之后，如今依然不断高涨，盖过了令其家乡变得声名显赫的其他名士之和；可在一场司法审判中，他却被自己的同胞以不敬神灵和伤风败俗之罪，判处了死刑。说他不敬神灵，是因为他拒绝信奉整个国家都公认的神灵；事实上，控告者曾经断言，苏格拉底根本就不信仰任何神灵（参见《申辩篇》[Apologia]）。说他伤风败俗，是因为他凭借自己的学说和教导，成了"年轻人的腐蚀剂"。我们有充分的理由相信，有了这些指控之后，那个法庭是因为真正认为他有罪，才作出了将他当成罪犯处死的判决；殊不知，此人很可能是当时在世者当中，最配得上"最好"之名的人。

我们不妨从这个例子，转到另一个唯一的司法不公案例上。谈过苏格拉底获罪一案之后，再来举出这个例子，并不会让人觉得扫兴。这个例子，就是一千八百多年前[4]发生在骷髅地[5]的一件事。有那么一个人，他的崇高德行在那些见证过他人生经历及言谈的人的记忆当中，留下了深深的烙印，因此在随后的一千八百年里，世人都把他尊称为"全能的上帝"的化身；可他却被可耻地处死了。处死他的罪名，又是什么呢？竟然是亵渎神灵。当时的人，并非只是误解了他们的这位施恩者。他们还完全误以为，这位施恩者是一个表里不一的人，把他当成了一个不敬神灵的怪才；可他们自己呢，却因为这种行径而被当今世人视为亵渎者了。今人对这些可悲之事（尤其是对上述两桩事件中的后一桩）的看法，导致他们在评判其中那些惹人不快的作恶者时，态度极其不公正。从表面上看，那些作恶者都不是什么坏人，至少也比普通人坏不到哪里去；恰恰相反，他们都是心中满怀那个时代和人们共同怀有的宗教、道德和爱国情感的人，或许还稍微超过了"满怀"的程度。他们都是这样一些人：在任何一个时代，包括我们如今这个时代里，他们完全有可能无可指摘、受人敬重地度过一生。听到耶稣所说话语之后，大祭司撕开了自己的袍服[6]；按照当地的观念，说出那样的话语，就是一种最恶劣的罪行。大祭司之所以撕裂衣服，极有可能是因为他真切地感到恐惧与愤慨，就像如今大部分可敬而虔诚的人在表达宗教和道德情感时一样；如今对大祭司的做法感到不寒而栗的人，倘若生活在那个时代，并且是犹太人的话，绝大多数都会表现得完全与那位大祭司一样。有的东正教教徒（Orthodox Christians）一向都认为，那些用石头把第一批殉道者砸死的人，一定都是些比他们自己更坏的人；其实他们应当记住，这些加害者当中，有一位竟然就是圣保罗[7]呢。

我们不妨再举一个例子。如果一种错误给人留下的印象，是用犯错者的智慧与美德来衡量的话，那么这就是最突出的一个例子。要说世间还有哪一个人，既大权在握，又有理由自认为是同时代者中最优秀、最开明的人，那这个人就非马可·奥勒留[8]莫属了。此人虽是当时整个文明世界的专制帝王，却终生保持着那种最完美的公正无私，而且令人料想不到的是，虽说浸淫着

斯多亚派 [9] 的思想，他却存有一颗最温柔的心灵。后人归咎于他的寥寥几项过失，全都在于他的宽容大度方面。此人的著述，是古代思想中最高的伦理道德境界的产物；而它们与基督那些最典型的教义就算有所不同，其间的差异也是微乎其微，令人无法察觉。除了没有严格意义上的基督徒名分，与历史上表面信奉基督教的几乎所有当政君主相比，此人算得上一位更加优秀的基督徒，可他还是迫害过基督教。他达到了前人所获成就的巅峰，具有开明、无穷的智慧，他的道德伦理著述，也体现出了那种堪称基督徒典范的高尚品质；然而，由于潜心于尽职尽责，此人却没有认识到，基督教对于世界有利而非有弊。他很清楚，现存世界处于一种可悲可叹的状况中。可实际情况却是，他看到或者以为自己看到，人们对公认神灵的信仰和崇拜还是让这个世界维系在一起，没有让情况变得更糟。身为人类之君主，他认为自己有责任不让社会变得分崩离析，却没有搞清楚，若是去除维系世界的现有纽带，其他任何一个方面都可以变成纽带，将世界重新维系起来。新兴的基督教公然以瓦解这些纽带为宗旨，因此，消灭那种宗教就成了他的职责，除非他的职责是接受那种宗教。由于当时在他看来，基督教神学既不正确，起源也并不神圣，由于一个被钉死在十字架上的神的这段奇怪历史在他看来完全不可信，而基督教体系也全然是建立在他觉得彻底不可思议的基础之上，所以他不可能预料到，这种宗教在经历了所有的打压之后，最终却变成了一股历久弥新的力量。于是，哲学家与君主当中最温和、最友善的这位马可·奥勒留，便在一种庄严的责任感的驱使下，命人迫害了基督教。在我看来，这才是整个历史上最可悲的事实之一。这一事实会令人痛苦地想到，如果基督教是在马可·奥勒留的保护之下，而不是在君士坦丁大帝[10]的保护之下，被采纳为帝国国教，那么全世界的基督教又会出现何种不同的局面啊！不过，人们可能提出来惩处反基督教教义的辩解理由，没有一条不足以让马可·奥勒留惩处传播基督教的做法，而他确实也是那样干的；否认这一点，既对他不公，也没有做到实事求是。基督徒坚定地认为无神论（Atheism）是错误的，会导致社会的解体，可没有哪个基督徒的态度之坚定，比得上马可·奥勒留认为基督教也会导致社会解体时的坚定，而后者原本应该是当时在世者中最有能力去理解基督教的人。除非自诩比马可·奥勒留更聪明、更优秀，比后者更通晓当时的学识，才智比后者更高明，追求真理的心比后者更诚挚，而发现真理之后也比后者更专注地献身于真理。否则的话，赞同惩处言论传播的人还是放弃自己和大众都永无谬误的臆想为妙，因为了不起的安东尼努斯[11]就是带着这种假设，才造成了如此令人遗憾的后果。

任何一种可以证明马可·安东尼努斯不对的论点，都无法为利用惩处手段来遏制反宗教言论的行径辩解。由于认识到了这一点，因此反对宗教自由的人受到穷追猛打之后，偶尔也会接受这种结果，附和约翰逊博士 [12] 说，迫害基督教的人是站在正义的立场上，说迫害是真理必须经受且总会成功熬过的一种严峻考验，说法律惩处最终对真理无能为力，只是有时也能颇有良效地防患恶意的错误。其实，这是支持宗教信仰不宽容的一种论调；它极其明显，因此我们不能无视。

有一种观点认为，人们可以名正言顺地去迫害真理，因为迫害不可能对真理产生任何危害。对于这种观点，我们并不能加以谴责，说它是有意地反对人们接受新的真理。不过，我们同样不能称颂说，迫害那些造福过人类、我们应当感激的人士，是一种宽宏大量的表现。向世界揭示出某种与之密切相关、前人却一无所知的东西，向世界证明它曾在世俗或宗教利益方面的某个至关重要的问题上犯过错误，是一个人能够为人类同胞作出的重大贡献；在某些情况下，这种贡献还极其重要，就像早期的基督徒和宗教改革家中与约翰逊博士持一致观点的人士所认为的那样，是人类能够获赠的最宝贵的礼物。对于给人类带来了这种杰出福祉的人，我们应当以其殉难来报答，而他们获得的回报，就是被当成最卑鄙的罪犯来对待；根据此种观点，这些都不是人类应当身披麻衣、头蒙灰尘去悲切忏悔的可叹错误和不幸 [13]，而是一种正常和正当的情况。根据这种说法，提出新真理的人应当按照洛克里斯人 [14] 律法规定的那样，当一名新法提议者，脖子上套着绳索站在那里，如果在场的公众听取了提出新法的理由之后没有当场采纳其提案，此人马上就会被绞死。人们既然为这种对待行善者的做法辩护，我们就不能指望他们非常重视自己获得的那种恩泽。我相信，持有这种观点的，只是那些认为新的真理或许一度令人向往、可如今我们已经拥有了太多真理的人。

可实际上，"真理总能战胜迫害"这种说法，就是那种让人觉得美好的谎言之一；人们不停地以讹传讹，以至于谎言变成了司空见惯的说法，其实它们却不能承受所有的经验的反驳。历史上不乏真理为压迫所消灭的例子。就算不是永远被压迫，那些真理也有可能倒退数个世纪。我们只需举一举宗教观点方面的例子就行了：在路德之前，宗教改革运动爆发了不下二十次，却都被镇压了下去。布雷西亚的阿诺德[15]被镇压了；弗拉·多尔齐诺[16]被镇压了；萨沃纳罗拉被镇压下去了；阿尔比教派[17]被镇压下去了；瓦勒度派[18]被镇压下去了；罗拉德派[19]被镇压下去了；胡斯派[20]也被镇压下去了。甚至到了路德所处的那个时代之后，不管是在哪里，只要迫害继续存在，这种迫害都是如愿以偿地获得了成功。在西班牙、意大利、佛兰德斯、奥地利帝国境内，新教都被彻底铲除了；而且，若是当时玛丽女王还活着，或者伊丽莎白女王[21]辞世了的话，英国的情况也很可能如此。迫害活动总是大获全胜，只有一些地方除外；在那里，异端已经形成一个实力太过强大的群体，因而无法有效地实施迫害。任何一个理性的人都不会怀疑，基督教原本有可能在整个罗马帝国境内被彻底消灭。

基督教之所以传播开来并且占据了主导地位，原因就在于迫害活动只是偶尔进行，持续时间既短，间隔时间又很漫长，人们在这些间隔期内几乎可以完全不受干扰地传教。认为真理（并且只因为它是真理）就具有谬误所缺乏的内在力量，能够战胜地牢与火刑柱，这种看法不过是一种无聊的多愁善感罢了。人们追求真理的热切程度，并不比他们通常对谬误的热情更高；充分运用法律手段，甚至是社会惩处手段，通常就能成功地阻止真理与谬误这两者的传播。真理的真正优势就在于：一种观点正确的时候，虽说它可以被消灭一次、两次，甚至是多次，但随着岁月流逝，通常都会有人再次发现这种观点，直到有朝一日，它出现的时机恰到好处，使它从有利的环境中摆脱迫害，并且最终崭露头角，能够承受后来的一切压制企图。

有人会说，我们如今不会再处死那些提出新观点的人；我们不再像曾经杀害预言家的先辈们了，我们甚至还会为他们修建坟墓呢。诚然，我们不再将异端处死；现代的情感对刑罚的容忍，即便是在对付那些最令人厌恶的观点时达到了最高程度，也不足以让人们去把持有这种观点的人彻底消灭。但是，我们可不要自鸣得意，说如今我们已经洗清污点，连法律上的迫害也没有了。法律当中，仍然存有种种惩处观点的手段，至少还有针对言论的惩处手段；即便是到了当今时代，利用法律来惩处言论的现象也屡见不鲜，以至于人们可以毫不怀疑：有朝一日，这些法律迫害手段还会大张旗鼓地卷土重来。1857年，在康沃尔郡[22]的夏季法庭上，一个据说在生活中各个方面的行为都无可挑剔的人，因为说过、在门上写过一些与基督教有关的侮辱性言词，就不幸被判处了二十一个月的监禁[23]。此事发生时的一个月之内，在"老贝利街"（Old Bailey）的中央刑事法庭上，又有两人在两个不同案件中被驳回了当陪审员的资格，其中一人还受到了法官和一名律师的粗鲁辱骂，至于原因，就是两人老老实实地宣称自己没有宗教信仰[24]；还有第三件事，那是一个外国人，他在控告一名窃贼时，由于同样的原因而没有获得正义[25]。拒绝去纠正这种做法，依据的是一种法学理论，即凡是没有宣称自己信奉一个神灵（任何神灵都行）和来世的人，都不允许出庭作证。这种做法，实际上就相当于宣称这种人是不法之徒，不会受到法庭的保护；假如只有他们自己在场，或者只有持相同观点的人在场，那么别人非但可以抢劫或攻击他们而不会受到惩处，而且如果事实证据依赖的是他们这种人的证言证词，那么人们也可以抢劫或攻击其他任何一个人而不会受到惩处。构成这种理论的基础的那种假设就是，一个不相信来世的人所发的誓言毫无价值；这种主张，就说明赞同它的人对历史一无所知（因为从历史上来看，各个时代都有很多不信教的人，属于诚实正直和讲究道义的杰出人士）。任何一个人，只要稍有了解，知道许多以美德和成就而享誉世界的人士都是众所周知的不信教者（至少来说，这些人的亲友都知道这一点），就不会坚持上述主张。而且，这种规矩也对自身不利，会削弱自身的根基。在"无神论者必定都是骗子"的托辞之下，这种规矩实际上是承认所有愿意撒谎的无神论者的证词，拒斥的只是那些敢于面对斥责、敢于公开承认自己持有一种可憎的信条，而不愿违心地去替一句谎言作证的人。因此，就其公开宣称的目的而言，一种自证荒谬的规矩，只能是作为仇恨的象征和迫害行径的余毒才继续有效。这种迫害还自有其特点，即一个人遭受迫害的资格到了最终，却清楚地证明此人不应当遭受迫害。这种规矩以及其中隐含的那种理论，对信教者的危害并不亚于对不信教者的侮辱。原因在于，就算一个不相信来世的人必然会撒谎，那么，要想防止那些确实相信来世的人撒谎（如果防止得了的话），就只能靠他们对地狱的畏惧之心了。我们可不愿假定他们自己形成的基督教美德观都源于自身的觉悟，来伤害这种规矩的始作俑者和鼓吹者。

实际上，这些方面不过是迫害行径的零落残余罢了；与其说我们可以将其看作是一种渴望迫害的心态的流露，还不如把它看成英国人思想经常虚弱的一个例子。这种虚弱，使得英国人在他们不再坏到想要真正付诸实际行动之后，竟然荒谬地以坚持一条恶劣的原则为乐。可令人遗憾的是，公众的思想状态却无法确保，中断了差不多达一代人之久的时间之后，种种更加邪恶的法律迫害行径不会卷土重来。在如今这个时代，日常生活的平静表象，经常被企图恢复昔日恶行和提出新的善行两个方面所扰动。当今人们所吹嘘的"宗教复兴"，在思想狭隘者和愚昧者看来，至少也总是跟复兴偏执行为相差无几；不管哪里，倘若一个民族的情绪中永远怀有那种强烈的褊狭色彩（英国的中产阶级身上，就始终存有这种色彩），那么只需稍加刺激，他们就会积极地去迫害一些人，因为他们向来都认为，那些人就是他们迫害的恰当对象[26]。正是这一点，即人们对那些不认可他们看重的宗教信仰的人抱有的观点、怀有的情感，使得我国并不是一个思想自由的国度。在过去的漫长岁月里，法律惩处手段的弊端就在于强化了整个社会的耻辱感。真正发挥着作用的，也是这种耻辱感，而且它极其有效，以至于英国人民承认自己持有社会封禁观点的情况，远没有其他许多国家那么普遍；在其他国家里，人们会更经常地公开宣称，自己持有那些有可能招致法律惩处的观点。除了有些人的经济状况足以使之不依赖他人的善意，对于所有人而言，在这个问题上，舆论同法律一样有效；人们既有可能被剥夺谋生之道，也有可能被关进监狱。那些衣食无忧，不求从当权者、群体或公众那里获得好处的人，当然不惧公开发表任何意见，顶多就是担心别人会在心里或者言语上诋毁他们罢了；这种诋毁，他们理应不需要拥有一种十分勇敢的性情，就能承受。其中并没有为了这种人的利益而去诉诸"感性论证"（ad misericordiam）的余地。不过，尽管我们如今的确不再像以前惯常所做的那样，不再将众多的恶行加诸意见相左者的身上，但我们可能会像过去对待他们那样，去对自己作恶。苏格拉底被处死了，可苏格拉底的哲学思想却有如空中那轮赫赫昊日，光辉照耀着整个智识之苍穹。基督徒曾经被抛向狮口，可基督教却蓬勃发展起来，有如一棵枝繁叶茂的参天大树，高耸在那些早早萌发却生机不旺的植物之上，用浓荫将它们压制和窒息。我们这种纯粹的社会不宽容，虽然不会杀害一人，不会铲除任何一种观点，却会诱导人们掩饰自己的观点，或者使人们不会做出任何积极的努力，去传播这些观点。在我们看来，异端邪说并非在每十年、每一代人中都会明显地发展壮大，或者失势衰落；它们从来都不会光芒万丈、普照四方，而是会郁积于产生出这些异端邪说的勤思善学者那种小小的圈子里，持续不断地默默燃烧着，从不会用一种真实或者虚假的光明，去照亮人类的一般事务。如此一来，就维持了一种让某些人相当满意的局面，因为不再存在罚款或者监禁这样令人不快的惩处过程，所以所有的主流观点表面上都不会再受到干扰，同时又没有绝对禁止那些饱受思想疾病折磨的异见者去运用自己的理智。这是一种便于实施的方案，可以让理智世界保持太平，让其中的一切事物都照目前的样子继续下去。不过，这种理智太平的代价，就是牺牲人类精神中的全部道德勇气。在这种形势下，大部分最积极、最富有探索精神的才识之士发现，最可取的做法就是：把支持自身信念的一般原则与根本理据藏在心里，而在公开发表的言论中，则尽可能地努力让自己得出的结论符合他们内心已经摒弃的那些前提条件。这种形势，无法培育出性格坦率、无所畏惧的人物，无法培育出一度让思想界大放异彩、明智而一以贯之的知识分子。我们在这种局面中看到的，要么是一味顺服于平庸的人，要么是随波逐流、寻找真理的人；他们对所有重大问题的观点，都是给听众准备的，而不是他们内心已经确信的东西。那些不愿非此即彼、非黑即白的人则会另辟蹊径，把自己的思想与兴趣限定在一些可以公开谈及却不会在原则范畴内招致风险的事物上，即限定在那些并不重要的实用性问题上；只要人类的思维得到强化和扩展，这些问题原本是会自行解决的，可如今呢，却要到人们抛弃那些可以强化和拓展人类思维的方面，即抛弃对一些最崇高主题自由而大胆的思索之后，才能有效地加以解决了。

在有些人看来，异见者的这种缄默不语并非坏事；其实，这种人首先应当考虑的是，正是由于这种缄默不语，所以世人永远不会公正而彻底地讨论异端邪说。我们虽然能够阻止其中一些经受不住此种讨论考验的观点的传播，可这些观点却不会彻底消失。不过，禁止人们去探究所有最终不会得出正统结论的问题之后，智力会大幅衰退的，却不是持异见者。这种做法的最大受害者，就是那些不属于异见者，因畏惧异端邪说而让心智发展受到限制、让理性受到胁迫的人。倘若一大批原本前途无量的聪明人都胆小懦弱得很，不敢循着大胆、有力而独立的思路去行动，生怕自己被人们看成是没有宗教信仰或者伤风败俗的人，谁又能算到，这个世界究竟会失去些什么东西呢？在这些人当中，我们偶尔可以看到某个具有极强的责任心、理解力也深刻入微的人；此人究其一生，都在用一种无法遮掩的才智，让自己变得世故起来，并且耗尽智谋巧思，努力让良心和理智上的种种激励去顺应正统，可最终或许并不会成功。思想家的第一要务，就是跟随自己的才智，得出才智可能导致的任何结论；倘若认识不到这一点，任何人都不可能成为一名伟大的思想家。即便是一个做了适当研究和准备的人，在独立思考时得出了错误的结论，真理从这种错误结论中所获的益处，也要大过从那些不愿劳烦自己去思考、只会人云亦云者持有的正确观点中所获的益处。思想自由，并非只是或者主要是让人成为一名伟大思想家所需的前提条件。相反，要让普通人达到他们能够达到的思想境界，思想自由同样不可或缺，甚至更加必不可少。在精神受到奴役的整体氛围之下，曾经涌现过个别伟大的思想家，将来也还有可能再次出现这样的思想家。但是，在那样一种氛围中，从来就没有出现过一个在理性上非常积极的民族，将来也绝对不会出现。就算一个民族暂时地获得了这种理性积极的性格，那也是因为人们暂时地不对异端邪说感到惧怕所致。只要一个地方存在"原则不容争论"这种心照不宣的约定，只要一个地方不允许人们讨论整个人类都关注的一些最重大的问题，我们就不可能指望，在这个地方看到那种让某些历史时期举世瞩目、普遍高涨的精神活动。倘若人们回避对那些足以激发积极性的重大主题展开争论，那么一个民族的思想就绝对不可能从根子里得到激发，一个民族就不可能获得动力，让智力最普通的人也能达到智慧生物应有的某种尊严水平。在这个方面，我们有一个例子，就是宗教改革运动刚刚结束后那个时代的欧洲；还有一个例子，是十八世纪后半叶的思辨运动，但这场运动只限于欧洲大陆和一个文化水平较高的阶层；第三个例子的持续时间更短，就是歌德与费希特[27]所处的那个时期，德国的知识大发展阶段。虽然这三个时期形成的具体舆论主张大相径庭，但其中也有一个相似之处，那就是在这三个时期之内，权威的枷锁都被打破了。在每一个时期，一种旧的精神专制主义都被推翻，但一种新的精神专制主义还未取而代之，还未确立起来。正是这三个时期带来的动力，造就了今天的欧洲。人类思想或制度领域中出现的每一种进步，根源都可以清晰地追溯到这三个时期中的一个。一段时间以来，种种现象表明，这三种动力都已消耗殆尽；除非再次维护自己的精神自由，否则的话，我们就无望开创一种新的局面。

现在，我们再来看一看第二个分支论点，并且不妨摒弃"所有公认的观点都有可能是谬论"的主观臆断，假定这些公认观点都是正确的，然后去探究一下，若是它们的正确性没有获得自由而公开的辩论，人们可能会以什么样的态度去看待它们，以及这种态度的意义。一个持有坚定的观点的人，无论多么不愿意承认自己所持的观点可能属于谬论，都应当在考虑到下述这一点之后，改弦更张：不管所持的观点可能是多么的正确，倘若没有得到充分、频繁和无所畏惧的讨论，它也只能被看作是一种僵化的教条，而非活生生的真理。

世间有这样一类人（幸好，他们不再像以前那样不计其数了），他们认为，只要一个人毫不怀疑地赞同自己认为正确的观点就够了，哪怕此人并不了解这种观点形成的理据，连在面对最肤浅的反对意见时，也无法做出站得住脚的辩解，来捍卫这种观点。一旦能够受到权威的教导、获得某种信条，这种人自然就会认为，允许人们去质疑这种信条，完全是一件有害无益的事情。在这种人占据上风的地方，他们会让人们变得几乎不可能理智而考虑周全地去抵制那种公认正确的观点；不过，没准还是会有人轻率、无知地抵制这种观点的，因为他们很少能够彻底地禁绝讨论，而一旦开始讨论，那些并非以坚定信仰为基础的信条，就会很容易在一场看似微不足道的辩论面前败下阵来。然而，放弃这样一种可能性，却并非是理性之人对待真理的正确态度，这种可能性就是：假定心中信守着正确的观点，但那是一种偏见，是一种独立于辩论并且经得住辩论考验的信条。这样做，并不是在靠近真理。如此持有的所谓"真理"，其实只算得上一种迷信，不过是偶然附着在那些阐述一种真理的话语之上罢了。

如果说，人类的智识与判断力都应该得到培养（新教徒起码不会否认这一点），那么，与一个人在他必须有所主张的切身之事上运用这些功能相比，又有哪种做法会更加恰当呢？要说培养理解力在于一个方面而不在于另一个方面，那么毫无疑问，这个方面就是了解自身所持观点的理据。无论人们信仰什么，在一些对持有正确信仰极其重要的问题上，他们起码应当能够驳斥那些普通的反对意见，捍卫自身的信仰才行。不过，或许有人会说："可以把他们所持观点的理据教导给他们啊。一些观点从未被人反驳过，并不意味着它们必定是鹦鹉学舌。学习几何的人，并非记住定理就行了，还要理解和学会证明；说他们因为从来没有听到任何人否定和试图证明几何真理不对，就始终对几何基础知识一无所知，无疑是一种荒谬的说法。"毫无疑问，对数学这样的学科而言，如此教一教也就足矣，因为我们对数学问题的错误一面，根本就没有什么可以拿出来讨论的。数学领域内真理的证明具有独特性，即所有论据论证的都是一个方面。没人会去反驳数学定律，也没人会去搭理这种反驳意见。但是，在每一个可能存在意见分歧的问题上，真理却取决于在相互矛盾的两组理据之间达到平衡。即便是自然哲学[28]当中，相同的事实往往也可能有其他的解释；比如除了"日心说"，还有"地心说"，除了"氧气论"，还有"燃素论"，因此，我们必须证明另一种理论为什么不可能是正确的。只有经过证明，也只有了解了整个证明过程，我们才能理解自己所持的观点所依靠的理据。不过，转向那些复杂得多的问题，转向道德、宗教、政治、社会关系以及人生之事后，我们却会发现，对每一种有争议的观点展开争论，四分之三的论证的目的都在于消解那些对某种对立观点有利的表象。世人誉为"古代第二伟大演说家"的西塞罗[29]曾经写道，他热衷于研究对手的情况，热衷程度就算没有大过对自己论点的研究，也与研究自己论点的程度相当。任何一个人在研究任何一个问题时，都需要效仿西塞罗成功地运用过的那种法庭辩论之术，才能获得真知灼见。只了解自己这一方情况的人，几乎不会获得真理。这种人的理由可能很充分，无人能够去驳斥。不过，如果此人同样无力驳斥对方提出的论据，甚至不知道对方有哪些论据，那么此人就没有选择其中任何一种观点的理据了。对于此人而言，理性的态度当然就是暂不作出判断；并且，除非这样做他就满足了，否则的话，他要么会被权威引导，要么会像普罗大众一样，接受他认为自己最中意的那一方的观点。光是从自己的导师那里得知对手的论点，听取导师陈述对手的论点并且提出驳斥理由，也是不够的。这样做，既对他人的论点不公平，也不会让自己的思想与对手的论点做到真正的正面交锋。他必须能够亲耳听到，确实相信那些论点、真诚捍卫且为之竭尽所能的人，将它们说出来。

他必须了解那些论点中最可信和最有说服力的方面。他必须感受到，一个人在形成对问题的正确看法时必然面临和必须去应对的困难程度。如若不然，他就永远不会真正获得能够应对并消除此种困难的那一部分真理。百分之九十九的所谓受过教育的人，都是这种情况；连那些能够流畅地论证自己观点的人，也是如此。他们得出的结论有可能正确，可对他们所知的任何事物而言，这种结论也有可能是错误的。他们从来都没有设身处地，让自己真正投入到异见者的思想立场上去，也没有思索过异见者可能要说些什么；所以，他们连自己信奉的学说的真义，也不甚了解。他们并不知道这种学说当中，哪些部分可以解释和证明其他的部分；并不知道有些方面表明，看似相互矛盾的事实其实可以调和，或者说明了在两种看似都很有力的理由之间，应当选择一种而非另一种的原因。真理在当中起着扭转乾坤的作用，决定着一个见多识广者作出何种判断的那一部分，他们并不了解；这个部分，只有那些平等而不偏不倚地对待争论双方，努力把双方的理据放到最强的光线下去加以审视的人，才真正了解。这种训练，对真正理解各种道德和人文问题至关重要；因此，就算没有人反对所有的重要真理，我们设想出这样的反对者来，并且将最老练的唱反调者能够想出的、最有力的论据呈现在他们面前，也具有绝对的必要性。

为了削弱这些方面的力量，反对自由讨论的人理应会说，哲学家和神学家为反对或者支持其观点而有可能提出的所有理据，人类一般都不需要去加以了解和理解。普通人，并无必要做到能够揭露一个聪明对手的一切错误或者谬论。只要一向都有人能够应对它们，从而驳倒任何有可能误导那些未受教育者的错误或谬论，就足矣。将真理中显而易见的理据反复灌输和教导给那些头脑简单的人之后，其余方面就可以交托给权威了；而且，由于头脑简单的人很清楚，自己既无知识又无天赋去解决可能出现的每一个难题，因此他们完全可以放下心来，相信出现的问题已经为一些经过了训练、专门承担这一任务的人士所解决，或者能够被后者加以解决。

在这个问题上，我们不妨最大限度地认可这种见解。有些人在理解真理时，最容易满足于达到理应与这种信仰相伴而来的程度；他们持有的，可能就是这种极端的观点。可即便如此，支持自由讨论的论点的力量，也丝毫没有受到削弱。原因就在于，连这种学说也承认，人类应当获得一种理性的保证，即所有的反驳意见都能得到满意的回应；可若是需要回应的反对意见并没有说出来，我们又怎能去回应呢？若是提出反对意见的人没有机会去证明这种回应差强人意，我们又怎么知道这种回应令人满意呢？若说民众做不到的话，那么理应去解决这些难题的哲学家和神学家，就起码也须让自己熟悉这些难题中最令人困惑的形式才是；除非自由地把这些难题表述出来，并且置它们于容许的、最有利的光线之下去加以探究，否则的话，他们就不可能做到这一点。对于这个令人尴尬的问题，天主教会形成了自己的应对方式。教会显著地区分出了两种人，一种是可以允许在确信的基础上接受天主教教义的人，另一种则是必须在信任的基础上才能接受教义的人。实际上，在接受什么样的教义这个方面，上述两种人都没有任何的选择余地；但神职人员，至少也是那些完全可以信赖的神职人员，却可以为了驳斥之目的而去全力熟悉对手的论点，因此可以阅读异端书籍。至于世俗信徒，他们除非得到特许，否则就很难获得这些东西。这种戒律，承认了解敌人的情况对教士有益，但也找到了相应的手段，剥夺了其他人的这种权利，从而让精英阶层获得了超过普通大众的思想文化熏陶，尽管他们获得的思想自由，并未多于平民百姓。利用这种方法，天主教会就成功地获得了达到其目的所需的思想优势；原因在于，尽管缺乏自由的文化从未造就过一个胸怀博大、思想自由的人，却能造就一个聪明的、致力于一个目标的初审律师。但是，在信奉新教的国家里，这种办法却遭到了否定；因为新教徒都认为，选择宗教的责任，必须由个人自行去承担，至少在理论上来说就是如此；这种责任，不能转嫁到教士身上。此外，在当前的世界形势下，不让受到教育的人所阅的书籍流传到没有受到教育的人的手中去，几乎是不可能做到的一件事情。若要人类的导师们了解到他们应当了解的一切知识，就必须让人们拥有写作和出版一切的自由，而不会受到任何的限制。

然而，在公认的观点正确的时候，缺乏讨论自由这种做法造成的危害，倘若只限于导致人们不知道这些观点所依的理据，那么一个知识分子有可能认为：从它们对性格的影响来看，这种做法既非道德上的罪恶，也不会殃及这些观点的价值。然而事实却是，在缺乏讨论的情况下，人们非但会忘掉观点所依靠的理据，还会经常把观点本身的意义抛诸脑后。表达观点的语言，不再让人想到种种思想，或者只会让人想起它们最初用于传达的一小部分思想。这些语言当中，不再有生动形象的概念与活生生的信念，只剩下寥寥几句死记硬背下来的句子；就算有所留存，也只是留下了意义的躯壳，而其中的精华早已丧失。人类历史上属于这一事实占据和填充的伟大篇章的那些阶段，我们无论怎么去认真研究和仔细思考都不为过。

几乎所有的道德理论和宗教信条的经历，都说明了这一点。对于创始者及创始者的亲传弟子而言，这些理论和信条都饱含着意义和生命力。只要这种理论或信条压倒其他理论或信条的斗争持续下去，它们的意义就会继续被人们感受到，并且力量毫不衰减，或许还会深入到更加完整的人类意识中去。最终，这种理论或信条要么会占据上风，变成普遍的舆论，要么就是停滞下来，不再前进；在后一种情况下，它会据守业已占领的地盘，只是不再继续扩张。当这两种结果中的一种变得显而易见之后，关于这个问题的争论就会弱化，并且逐渐平息下去。这种理论取代了争论，若是没有成为一种公认之观点，则要么是变成一个公认的教派，要么是变成一种有分歧的观点；持有者通常都是传承了此种观念，而不是主动接受了此种观点。从这些学说中的一种转向另一种，在其信奉者的思想中其实无关紧要，只是如今这种做法已经十分罕见了。他们并不像起初那样，或是为了在整个世界面前捍卫自身，或是为了让整个世界都了解这些学说，所以时刻保持着警惕，而是陷入了一种无声顺从的状态，在忍得住的时候，既不理会那些反对其信条的论点，也不会运用支持自身信条的论点，去跟异见者争论（要是有这种异见者的话）。某种学说生命力的没落，通常都始于这个时候。我们常常听到，秉持各种信条的导师们都在哀叹，说要让信徒们真切地理解他们名义上公认的真理，使这种真理可以渗透他们的情感和真正掌控他们的行为，是极其困难的。当这种信条还在为自身的生存而斗争时，他们却不会发出这样的怨言。即便是实力较弱的斗士，也懂得和感受到他们是为了什么而战，以及这种信条与其他学说之间具有什么样的区别；而在每种信条存续的那个时期里，我们也会看到不少这样的人：他们认识到了这种信条以各种思想形式表现出来的基本原则，已经权衡和考虑过这些基本原则的所有重要意义，并且体味到了它们对性格的全面影响，因为秉持这种信条，应该会对一颗完全沉浸其中的心灵产生影响。不过，当谈到一种传承的信条，即被动接受而非主动信奉的信条时，当心灵不再受到起初那样的强大逼迫、不再针对信念提出的问题、行使其至关重要的权力去加以解答时，他们却会倾向于日益忘却的信条的具体内容，只记得一些空话、套话，或者往往是迟钝而麻木地赞同，仿佛只需不加深究地接受，无需有意而深刻地去加以认识，或者无需用个人的经历来检验似的，直到这种信条最终彻底地与人类的内心生活脱了节。接下来，我们就会看到这样的情况：信条仍然像是游离于心灵之外，并且在心灵之上覆以镶饰，将其硬化，来对抗加之于我们那些高等本性上的其他一切影响；信条会不让任何鲜活的信念进入，而本身却对心灵无所事事，只是守护着心灵，让心灵中空无一物。这些情况，在当今世界可谓屡见不鲜，几乎达到了大势所趋的地步。

有些学说，本质上适于在人类心中留下最深刻的烙印，它们可以在很大程度上作为绝对信仰而留存在人们心中，甚至不为想象力、情感或理解力所察觉；绝大多数信徒持有基督教教义的态度，就是一个例子，证明了这一点。不过，我在这里所说的基督教教义，是指所有教派和宗派都公认的基督教教义，即《新约》（New Testament）中含有的那些准则和戒律。凡是自称基督徒的人都认为，这些准则和戒律十分神圣，因而将它们公认为律法。然而，要说一千个基督徒里没有一人会参照这些律法，来对自己的个人行为加以指引或者检验，这种说法并不过分。人们参照的标准，实际上都是其所属民族、阶级或者宗教职业中的习俗惯例。因此，这种信徒一方面拥有一套道德准则，认为它们是由绝对正确的智慧所赋予的行为规范；另一方面，他又拥有一套日常的判断与惯常做法，它们在一定程度上附属于上述准则中的一些，但与其他准则的关系却没有那么紧密，甚至还与有些准则完全对立，并且从整体来看，就是基督教信条与世俗生活中的利益、意见之间达成的一种妥协。他敬重这些标准中的前者即道德准则，可实际拥护的却是后者，即惯常的做法。所有基督徒都认为，穷人和卑贱者以及那些遭到世界不公对待的人，都是有福的；他们都认为，骆驼穿过针眼要比富人进入天国更加容易；认为他们不应当去评判他人，以免自己遭到他人评判；认为他们根本不该诅咒他人；认为他们应当爱邻如爱己；认为若是有人抢走他们的斗篷，他们应当把自己的外套也双手奉上；认为他们不应当为明天而未雨绸缪；认为如果要做到完美无瑕，他们就应当变卖掉所有的财物，将其分给穷人。他们在说到这些方面的时候，不可谓不真诚。他们确实相信这一切，就像人们相信那些始终听到别人赞颂却从未加以讨论的东西一样。不过，从那种规范行为的鲜活信念的意义来看，他们相信这些教义的程度，却只是与这种信念通常对他们产生影响的程度相当。这些教义结合起来之后，可以用于去抨击对手；我们也明白，人们在做自认为值得称颂的任何事情时，都会（在做得到的情况下）提出这些教义，将它们当成自己的理据。不过，若是有人提醒他们，说准则还要求做到他们从未想过要去做的众多事情，那么提醒者非但会一无所获，还会被他们归入假装自己比别人善良、极其不受欢迎的伪君子行列。教义对普通信徒没有约束力，在这些人的心中毫无力量。他们虽然习惯性地尊重这些教义给人带来的那种感觉，让教义符合准则，却没有获得从言语拓展到它们所指的事物，并且强迫心灵接纳这些事物的任何感受。只要涉及行为，他们就会到处寻找A先生或者B先生来指点，看他们应当在多大程度上顺从基督的旨意去行事。

如今，我们可以相当肯定地说，早期基督徒的情况并非如此，并且完全是大不相同。当时的情况若是如此，那么基督教根本不会从希伯来人这个受人鄙视的民族当中的一个无名教派，发展成罗马帝国的国教。听到他们的敌人说"看看这些基督徒彼此之间是多么的相亲相爱"（如今任何人都不太可能再说出这样的话了）时，那些基督徒无疑比以往任何时候都更加生动地感受到了所持信条的意义。很有可能，也主要是由于这个原因，基督教如今在版图扩张方面才几无进展，而十八个世纪过后，信奉基督教的依然只是欧洲人及其后裔。即便是那些最虔诚、对待所持教义极其严肃，对其中许多教义的理解都要比普通人深刻得多的信徒，也经常出现这样的情况：他们头脑当中相对较为活跃的思想，都是加尔文 [30]、诺克斯 [31] 或者某个与其品格极其相近的人首创出来的学说。基督的教诲，顺从地与之共存在他们的头脑当中，可除了让他们听到极其亲切平和的话语外，几乎没有对他们产生任何作用。作为教派之标志的教义，为何会比所有公认的教派惯常出现的情况更具活力？宗教导师又为何要付出更多的心血，来让教义保持活力？无疑有着众多的原因；但其中一个肯定的原因就在于，此种独特教义招致的质疑更多，因而必须更加经常地面对公开的驳斥者，替这种教义辩护。一旦战场之上不再有敌人，导师也好、信徒也罢，就会在各自的位置上酣然睡去。

一般来说，传统的学说，即那些谨慎地论述人生、道德或宗教知识的学说，也会出现相同的情况。所有的语言和文学作品中，都充斥着人们对生活的整体评价，包括人生是什么，如何在人生当中为人处世，等等。这些评价之语，人人都懂，人人都会复述或者默默地听到，且公认它们为真理；可绝大多数人通常都要到经历了痛苦之后，才第一次真正地理解它们的意义。有多少次，一个人是被某种意外的不幸或者失望所刺痛，才记起终生熟知的某句谚语或者俗语来？如果以前他像此时那样深有体会，那么这句谚语或者俗语的意义，原本是可以让他免遭这种不幸的。导致这种情况，实际上另有原因，而不是因为缺乏讨论；世间的许多真理，只有用亲身经历加以充分阐释之后，它们的全部意义才能为人们认识到。可即便是对这些真理，若是以前经常听到真正的行家反复辩论，此人原本也可理解到其中的更多真义，而理解的内容也会在其心中留下深刻得多的印象。人类犯下的错误当中，半数都源自一种致命的倾向，那就是人类喜欢不去思考那些不再存疑的事情。当代的一位作家，就曾恰如其分地指出过"一种既定观点的沉睡"状态。

什么！有人可能会问，缺乏一致意见，难道就是获得真知灼见不可或缺的前提条件？难道人类当中必须有一部分人坚持谬误，才能让其他人认识到真理？难道一种信仰一旦被普遍接受，就不再真实和重要了？难道除非人们仍然存疑，否则一种主张就永远无法被人们彻底理解和感受到？难道人类一旦接受一种真理，这种真理就会在人们当中被毁掉？迄今为止，人们都认为，提高智力的最高目标和最佳结果，就是让人类日益团结起来，认可所有的重要真理；难道智力只是在没有达到这一目标之前，才会持久存在？难道胜利的成果，会因为取得了彻底的胜利而毁灭？

我可以肯定地说，世间不可能有这样的事情。随着人类的发展进步，不再有争议和不再受到质疑的学说，其数量还会不断增加；人类的幸福，几乎可以用那些已经达到无可争议的高度的真理的数量与重要性来加以衡量。不再对一个又一个问题展开严肃的论争，是整合观点所必需的一个条件；这种整合，在观点正确的情况下是有益的，而若观点是错误的，那么这种整合就会极其危险和有害了。不过，虽然从这两种意义来看，逐渐缩小观点分歧的范围都是必然的，也就是说，是既不可避免又不可或缺的，但我们并非一定要由此而得出结论，说这种整合的所有后果必然都是有益的。倘若人们在聪敏而又鲜活地理解真理的过程中，失去了如此重要的一个帮手，那可不能说是一种无关紧要的不利条件，而是会严重削弱这种观点获得普世公认所带来的好处；这个帮手，就是必须向对手解释这种观点，或者在对手面前为这种观点辩护（尽管这样做还不足以胜过对手）而导致的争论。我承认，在不再具有这种优势的地方，我应当是喜闻乐见人类的导师们努力为人们提供某种替代办法的；他们应当想出某种手段，将这个问题的难点呈现于学习者的意识当中，就像一个希望学习者改变观点、手段极其高明的异见者，用这些难题向学习者步步进逼似的。

但是，人类的这些导师并没有为此去寻找办法，反而丧失了他们原先拥有的那些手段。苏格拉底的辩证法就是这样的一种方法，并且在柏拉图的《对话录》中得到了极佳的佐证。从本质来看，它们就是对一些重大的哲学和人生问题所做的一种否定性讨论，由娴熟的技巧引导着；至于目的，就是为了让任何一个只接受公认观点中那些陈词滥调的人确信，他并未理解这个问题，且迄今为止还没有给他宣扬的那些学说赋予任何确切的意义；就是为了让此人在认识到自己的无知之后，可能在透彻地理解了学说及其证据意义的基础上，走上一条获得稳固信念的道路。中世纪经院辩论的目标，与这一点颇有相似之处。这种经院辩论，旨在确保学生理解自己的观点，并且（通过必然的相关性）理解与之相对的观点，从而做到强化自身的理据、驳倒对方的理据。这种辩论，实际上具有一种致命的缺陷，那就是他们所用的前提都选自权威，而不是源自理性；并且，作为一种思维训练，这种辩论在每个方面都不如力量强大的辩证法。正是后者，塑造出了"苏格拉底派"中的那些才识之士。不过，现代人的思维从这两种方法中获得的教益，要远远多于世人愿意承认的程度，而当前的教育模式中，也没有任何一个方面可以稍稍超过这两种方法。一个人的知识若是全部来自导师或者书本，那么就算摆脱了满足于死记硬背的持续诱惑，他也完全没有必要去听取正反双方的观点；因此，即便是在思想家当中，了解正反双方的观点也远非他们经常能够做到的事情。每个人在捍卫自己的观点时，最薄弱的环节其实就是他打算用于反击对手的那一部分。贬抑负面逻辑，即指出理论上的缺陷或者实践中的谬误，却又不会证明正面真理，已成为当前的一种流行做法。若是作为终极结果，这种负面批评的确是极其糟糕的；可若是作为获取任何一种正面知识或名副其实的信念的手段，那么这种负面批评就绝对不容我们小觑了。在人们再次得到这方面的系统训练之前，世间是造就不了几个伟大思想家的；人类的智力水平也会因此而普遍低下，只有数学和物理这两个思辨性的领域除外。在其他任何一个问题上，除非一个人或是被他人所迫，或是自行主动地去经历与对手积极辩论时相同的思维过程，否则的话，他的观点就不配称为知识。因此，缺乏辩论时，我们会觉得辩论不可或缺，却难以创造；而当辩论自发出现之后，我们却又放弃辩论，这是多么荒唐至极的一种现象啊！若是有人敢于质疑一种公认的观点，或者在法律与舆论允许时，有人对一种普遍观点提出质疑，那么，我们不妨感谢他们这样做，不妨敞开我们的心扉去倾听他们，并且为有人替我们做了该做之事而感到欢欣吧！原因就在于，如果对自身所持的信念是否确定无误、是否具有活力还有所关注的话，我们原本需要付出更多的艰辛，才能做到这一点。

　　我们还要谈一谈，导致观点多样化会带来益处的一个主要原因；此外，观点多样化还会继续给我们带来益处，直到人类进入心智发达的阶段，只是从目前来看，那个阶段还非常遥远罢了。到目前为止，我们只考虑过两种可能性：公认的观点可能是错误的，因而其他某种观点可能是正确的；或者，公认的观点是正确的，而与对立的谬误之间爆发的冲突，对透彻理解和深入感受公认观点的正确性是不可或缺的。不过，还有一种比这两种可能性都更为常见的情形，那就是产生冲突的两种学说并非一正一误，而是全都正确；公认的学说只是体现出了一部分真理，所以需要与之不符的观点，来补充余下的那一部分真理。对于一些并非明显可感的问题，公众舆论常常都是正确的；不过，公众舆论很少是完全真理，或者从来都不是完全真理。它们只是真理的一部分，有时占比较大，有时又是较小的部分，只是被夸大和歪曲了，并且脱离了本应与它们相伴相生、对它们加以约束的真理。另一方面，异端邪说通常都是这些受到了压制和忽视的真理当中的一部分；它们冲破了压制和束缚，然后要么是努力与共有观点中包含的真理调和，要么是将后者当成敌人直接对付，然后树立起自己的威信，带着类似的排他性，变身为完全真理。在此以前，后一种情况最为常见，因为在人类心目中，片面性始终都是常态，而多面性则属于例外。因此，即便是在一场场观点革命中，通常也是一部分真理与另一部分真理此消彼长。就算原本应该让真理不断增长的进步，在很大程度上也只是用一种片面而不完整的真理，取代了另一种片面而不完整的真理；改良主要就是这种取代过程，因为时代更需要新的部分真理，而新的部分真理也比它所取代的那种部分真理更适应时代的需要。主流观点都具有这种片面的特征，连它们依据的是一种正确的基础时，也是如此；所以，每一种观点只要在一定程度上体现出了公认观点所遗漏的部分真理，我们就应当将其看成一种可贵的意见，而不管那一部分真理当中掺杂了多少谬误与混乱。任何一个对人类事务保持着清醒看法的人，定然不会对那些强迫我们注意到某些真理（如若不然，我们就看不到那些真理）、忽视我们看到的一些真理的人感到义愤填膺。相反，他会认为，只要普通大众看到的真理是片面的，那么非普遍真理也有一个片面主张者，就要比情况相反时更为可取；这些主张者通常都最具活力，也最有可能迫使人们勉强地注意到他们当成完整真理来宣扬的那些零散智慧。

因此，到了十八世纪，当所有受过教育的人以及他们引领的没有受到教育的人几乎全都迷失在对所谓文明的崇拜当中，迷失在对现代科学、文学和哲学奇迹的崇拜当中，并且大大高估了今人与古人之间的差异，同时深信所有差异都对他们自身有利时，卢梭悖论[32]一出，就像在人群当中引爆了一颗炸弹似的，带来了一场有益的冲击，让片面观点这块紧密的"铁板"错了位，迫使其中的组成要素用一种更好的形式、增添额外的成分，重新组合了起来。这并不是说，当时的人的观点整体上比卢梭的观点距真理更加遥远；恰恰相反，它们距真理更近，其中包含了更多的绝对真理，而含有的谬误却要比卢梭的观点少得多。尽管如此，卢梭的学说当中含有公众舆论所欠缺的大量真理，它们在伴随着卢梭学说而来的那道舆论洪流中随波逐流；而当舆论大潮消退之后，它们就变成了留存下来的沉积之物。简朴生活具有优越的价值，虚伪社会的枷锁和伪善带来了令人萎靡沮丧堕落的恶果；自卢梭著文以来，这些思想始终都萦绕在文化人士的心头，挥之不去。它们迟早会发挥出应有的作用，只是目前还须像以往一样坚持下去，并且要用行为来维护，因为在这个问题上，语言的力量差不多已经消耗殆尽。

再则，在政治上，一个讲求秩序或稳固的政党和一个追求进步或改革的政党，都是政治生活保持健康状态所必需的组成要素，这一点几乎也算是老生常谈了。最终，其中之一会拓展自己的思维掌控力，变成一个既讲求秩序又锐意进取的政党，了解并能区分什么东西应该保留下来，什么东西应该彻底清除。其中每一种思维模式的实用性，都源自另一种思维模式中存在的不足之处；但在很大程度上，正是双方的对抗，才让每一种思维模式保持在理性与明智的限度之内。除非两党分别支持民主政治与贵族政治、财产与平等、合作与竞争、奢侈与节俭、社会性与个性化、自由与纪律，以及现实生活中其他长期对立的观点，将其以平等的自由表达出来，并且用同等的才干与精力去实施和捍卫，否则的话，两种组成要素都没有机会获得应有的地位；因为失去平衡之后，天平的一方肯定会上升，而另一方则会下降。在人生当中一些重大的实际问题上，真理完全是一个将对立面调和与结合起来的问题，因此罕见有人具有足够开阔的心胸和公正的思想，能用正确的方法来作出调整，而是只能由打着敌对旗帜的战士进行一场斗争，通过这种艰苦的过程才能将两者结合起来。在前文刚刚列举过的任何一个重大的未决问题上，如果两种观点中的一种优于另一种，我们非但应当容忍，而且应当加以鼓励与支持的话，那就是一种在特定的时间和地点出现的、属于少数派所提的主张。那种主张，目前代表了被人们忽视的种种利益；这些利益本是人类福祉的一个方面，如今却面临着得不到其应有之重视的危险。我很清楚，我国对这些问题中出现的观点分歧，持有非常宽容的态度。人们通过众多公认的实例，援引这些分歧，目的都是为了说明这样一个普遍事实：人类在目前这种智力状态下，只有通过观点的多样化，才有机会公平地呈现出真理的各个方面。倘若看到有人在某个问题上持有异见，与举世公认的观点不一致，那么就算世人是正确的，这种异见者的辩解当中，多半也总有值得我们去倾听的东西；如若让他们闭口不言，真理就会有所缺失。

有人可能会反驳说："可是，有些公认的原则，尤其是最高尚与最重要的问题上的公认原则，却不止是半真半假。例如，基督教的道德规范，就是这个问题的全部真理；倘若有人传授一种与之不同的道德观念，此人就完全错了。"在所有情况下来看，这的确是一个最重要的实践问题，因此最适于检验这一普遍准则。但是，在确定基督教道德规范的内容之前，我们最好是先确定基督教道德规范的含义。如果它指的是《新约》中的那种道德规范，那么我怀疑，任何一个从这部经典当中了解到此种道德规范的人能否真的认为，前人已经宣布或打算将其当成一套完整的道德学说。《福音书》（Gospel）中始终都提到了一种既存道德，并将其规诫限定在特定的范围内；在此范围内，那种既存道德需要加以纠正，或者被一种范围更广、更高尚的道德所取代。

而且，此书的表述极其笼统，往往不能按照字面意思去理解，词句间充满了诗歌般的意境或者口若悬河般的感染力，而不是律法的精准性。如果不援引《旧约》中的内容来补充，我们就不可能从《新约》中提炼出一套道德伦理准则来；也就是说，要从一种确实经过精心制定，但在许多方面都很野蛮，并且原本旨在用于野蛮民族的体系中，寻找内容来补充。圣保罗曾经公开反对过犹太人阐释教义、补全耶稣思想体系的做法，可他同样接受了一种既存道德，即希腊人与罗马人的道德规范；他对基督徒的劝诫之语，在很大程度上，就是一种适应希腊人与罗马人道德规范的体系，为此甚至达到了明确支持奴隶制度的程度。所谓的基督教道德，其实更应当称之为神学道德；它并非由基督或者使徒们所创，而是起源颇晚，是天主教会在公元一世纪至五世纪期间逐渐确立起来的。这种道德规范尽管没有明确为近代人和新教徒所接受，但出人意料的是，近代人与新教徒却也没有对其做出大幅改动。实际上，他们主要满足于剥离中世纪各个教派增补的内容；当时，每个教派都根据自己的特点与倾向，为这一道德体系增添了新的内容。人类从这种道德规范及其早期传播者身上都获益匪浅，这一点我绝不否认；但与此同时，我也会直言不讳地指出，在很多重要的方面，这种道德规范都是不完整的和片面的。而且，当初若不是这种道德准则并不支持的一些观念与情感发挥了作用，形成了欧洲人独特的生活与特点，那么当今人类事务的状况，可能就会变得更糟。（所谓的）基督教道德，具有一种反动思想的所有特征；它在很大程度上是反对异教信仰的。这种道德的理想是消极的而非积极的，是被动的而非主动的，是"无罪"（Innocence）而非"高尚"（Nobleness），是"禁绝罪恶"（Abstinence from Evil）而非"积极向善"（Pursuit of Good）；其戒律中"汝不可"这样的句子（可以说比比皆是），数量远远超过了"汝当"这样的语句。出于对肉欲的恐惧，它把禁欲主义立为偶像，而后者又逐渐降格，变成了墨守法规。它把上天堂的希望和下地狱的威胁两个方面当成法定的和适当的动机，以便让人们去过一种良善的生活；在这一点上，它远不如古代那些最好的道德规范。而在践行的过程中，它又通过割裂每个人的责任感与其同胞利益之间的关联，给人类的道德赋予了一种根本的自私特点，使得人们除非具有利己动机，才会去顾及同胞的利益。从本质上来看，基督教道德是一种宣扬消极顺从的学说，向人们灌输的是服从所有既定当权者的思想；可实际上，当权者命令我们去干教义所禁止的事情时，我们却不会那么积极地服从，只是不管当权者对我们干了多少恶行，我们都不该去反对，更不能去反抗他们罢了。尽管在有些信奉异教的优秀民族的道德规范中，公民对国家负有的义务占有异常重要的地位，以至于侵犯到了公正合理的个人自由，但在纯粹的基督教道德伦理观中，这种伟大的义务却很少提及，很少得到认可。我们看到，

"任命手下职务之时，君主若是不顾治下还有他人更胜任此职，即是违背上帝旨意与危害国家之罪行"，出现在《古兰经》[33]当中，而不是出现在《新约》当中。现代道德观当中几乎没有得到公认的那种观点，即个人对公众负有义务的观点，源自希腊和罗马，而不是源自基督教教义；就如在关于私人生活的道德规范中，不管什么样的宽宏大度、品行高尚和个人尊严，甚至是幽默感，也都源自教育当中纯粹的人文教育而非宗教信仰教育一样，它们永远都不可能产生于这样一种道德标准当中，因为在这种道德标准中，唯一公认的价值就是顺从。

我跟任何人一样，绝对不会妄称这些方面都是基督教道德观中必然的和固有的缺陷，能够孕育出基督教道德观的每一种方式，或者其中并未含有的、一种完整道德观所需的众多必要条件，都与基督教道德观没有相容的余地。我这样说，也完全不是在影射基督本人的教义与戒律。我相信基督的箴言就是一切，我也能领会到其中的所有意图；我相信，基督之箴言与一种全面的道德观所需的一切都不抵触；我相信，道德观中的一切精髓都可融入其中，而所用言辞的激烈程度，并不会超过那些试图从中归纳出某种实用性行为规范体系的人所用的言辞。但是，认为基督的箴言中含有或者原本打算包含的，只是真理的一部分，认为组成最高道德的许多基本要素，都存在于基督教这位创始人的救世行录中并未提供、原本也没有打算提供的事物当中，存在于基督教会根据这些救世行录来确立道德体系的过程中弃之一边的事物当中，与前述说法并不矛盾。有鉴于此，我还认为，坚持到基督教教义中去寻找可以为我们提供指引的完整准则，是一种严重的错误做法，因为创造出基督教教义的人虽然原本打算以此来支持和强化这种准则，却只是提供了部分内容。我还认为，这种狭隘的理论正在变成实践当中一种严重的弊端，正在大大贬低道德培养和道德教育的意义，而如今有许多用心良苦的人士，却在殚精竭虑地致力于促进道德教育。我更担心的是，试图以唯一一种宗教类型为基础来塑造人们的心灵与感受，抛弃一些世俗标准（没有比这更准确的名字来称呼它们）的做法，将会导致人类性格变得低下、卑贱和毫无主见（甚至目前正在导致这样一种结果）。此前，那些世俗标准一直都与基督教道德观共存并对其加以补充，它们接受了基督教道德观的一些精髓，并将本身的部分精髓注入其中。这种性格，会让人甘心服从它所认定的最高意志（Supreme Will），根本无力上升到对至善至美（Supreme Goodness）这一观念感同身受的高度。我相信，其他任何一种并非仅由基督教道德观演化而成的道德观，必须与基督教道德观并肩共存，才能让人类的道德获得重生；在人类的心智还没有发展完善的情况下，真理的利益要求我们具有各种不同的观点，而基督教体系也不例外，也须服从这一规则。不再忽视那些未包含于基督教教义之中的道德真理，并不是说人们必须忽视基督教教义中确实包含的道德真理。倘若出现这种偏见或者疏忽，它就成了一种彻头彻尾的弊端；但是，我们可不要抱有永无此种弊端拖累的侥幸心理，而是必须把它看成我们为了获得无可估量之善良而应付出的代价。对于片面真理独断专横地妄称自己是全面真理的观点，我们必须且理应发出反对之声；如果反对者因为冲动而使得反驳意见变得不公正，那么就算这种不公正或许与前述之片面真理一样令人叹惋，我们也必须容忍它。基督徒要想教导不信教的人公正地对待基督教教义，他们自己首先就得公正地去对待无神论才行。对文学史稍有了解的人都知道，罔顾下述事实，是无益于真理的：在很大一部分最高尚、最可贵的道德教化作品的作者当中，不仅有完全不了解基督教信仰的人，也有一些了解基督教、最终却摒弃了这一宗教信仰的人。

我并不是在妄言，说无限自由地阐述所有可能出现的观点，就会终结宗教或者哲学宗派主义带来的种种弊端。能力有限的人真正秉持的每一种真理，必定会得到持有者的宣扬和反复灌输，他们甚至会用众多的方式去遵循奉行，仿佛世间再无其他真理存在似的，或者在任何情况下，都再无其他真理可以限制或者限定他们秉持的那种真理似的。我承认，所有观点往往都会分帮裂派的现象，并不会被自由讨论所消弭，反而经常会被自由讨论所强化和加重；原本应当看到的真理，却由于这种真理被他们视为对手的人所宣扬，所以他们非但没有看到，甚至还会排斥得更加厉害。不过，这种观点冲突却会产生出有益的作用；当然，它影响的并非是狂热的党派人士，而是较为冷静、较无私心的旁观者。真正可怕的祸端，并不是真理各个部分之间出现激烈的冲突，而是对一半真理无声的压迫；倘若迫使人们去听取正反双方的观点，他们就总有获得真理的希望。正是在他们只关注其中一方的时候，谬误才会确定无疑地变成偏见，而真理本身也被夸张成了谬误，失去了真理应有的作用。由于人类的心理特征当中几乎最为珍贵的，就是能够在一个问题的两面之间做出睿智判断的明断本领，可观点主张者却只会提出问题的一个方面，因此除了获得与问题某个方面相称的真理，我们根本就没有机会去获得全面真理；又因为每种观点都体现出了部分真理，所以它们非但有人拥护，还会得到鼓吹，让世人皆能听到。

如今我们已经认识到，之所以说为了人类的精神健康（这是人类其他幸福所依赖的基础），人们必须拥有观点自由和表达观点的自由，原因有四。现在，我们就来简要地概括一下这四大理由。

第一，如果有一种观点被迫保持缄默，那我们至少可以肯定地得知，那种观点有可能是正确的。否认这一点，就是假定我们自己的观点永无谬误。

第二，尽管被迫沉默的观点是一种谬论，此种观点当中也有可能含有一部分真理，这种情况是很常见的；而且，由于人们看待任何一个问题的普遍观点或者流行观点极少或者根本就不是全面真理，因此只有经由对立观点之间的冲突，余下的那一部分真理才有机会彰显出来。

第三，即便公认的观点非但是正确的，而且是全面真理，那么，除非人们即将或者正在激烈而认真地驳斥这种观点，否则的话，绝大多数公认此种观点的人，就会用持有一种偏见的态度去接受它，既理解不了也感受不到这种观点的合理依据。

第四，不仅如此，这种信条的意义本身，也有陷入意义丧失、弱化或者失去它对人类的性格及其行为产生重要影响的危险：教理非但会日益变成一种纯粹的正式声明，对人类的向善之心毫无用处，而且会阻碍人们从理性或者个人经验中获得和培养出任何一种真实而诚挚的信念。

在结束言论自由这个问题之前，我们应当注意到这样一些人：他们声称，应当允许人们自由地表达出所有观点，条件就是表达方式有所节制，不要超出公平讨论的界限就行。我们却可以举出众多的理由，来证明我们不可能确定这种所谓的限度。原因就在于，若是这种检验对所持观点受到了抨击的人来说算是冒犯，那么我认为，经验会证明，不管什么时候，只要抨击得具有说服力和威力，就会出现此种"冒犯"；每一个把他们逼得太急、他们感到难以回应的对手，只要在双方争论的问题上表现出强烈的情感，在他们看来就是一个没有节制的对手。可这一点尽管从实际角度来看是一个重要的考虑因素，却是融入了一种更具根本性的反对理由当中。毫无疑问，断然坚持某种观点的方式，可能会极其令人反感，从而完全有可能招致对方严厉的责难；即便坚持的是一种正确的观点，也是如此。但是，这类"冒犯"的主要特点就在于，除非对方意外地自行露出破绽，否则的话，它通常都不可能让人信服。其中最严重的，就是诡辩、隐瞒事实或论据、虚假陈述所涉情形中的组成要素，或者曲解对方的观点。不过，这一切，甚至程度最严重的做法，都是人们眼中那些并非无知或无能之辈的人，在完全善意的情况下不断地做出的；在其他许多方面，这些人也不应被看成无知者或者无能之辈。因此，我们几乎不太可能有充足的理由，把这种歪曲行径真的定性为"道德上应当受到谴责的行为"，更别说用法律去干预这种有争议的不当行为了。至于通常意义上的"过激讨论"，也就是谩骂、讽刺、人格侮辱之类的行径，若是有人提出平等地禁止双方使用这些武器，那么在辩论时谴责这些武器，就会获得人们更多的同感支持。但是，人们希望的是，只限制用这些武器来对付普遍意见；而用于对付非普遍观点时，它们非但可以在不遭到全面反对的情况下使用，还有可能给使用这些手段的人带来人们饱含真挚热情和正直义愤的赞扬呢！然而，倘若用于对付那些相对无助的人，那么无论它们会造成什么样的伤害，这种伤害都是最严重的；不管任何一种观点可以从这种主张模式中获得什么样的不当之利，这种不当之利几乎都会专门为公认观点而累积起来。一名辩论者可能做出此类最糟糕的冒犯之举，就是污蔑持相反观点的人为坏蛋和道德败坏者。这种诽谤，特别容易伤及那些持非主流观点的人，因为他们的人数通常都不多，没有什么影响力，除了他们自己，就没有人再关心他们会不会受到公正对待了。不过，就争论的性质来看，那些抨击主流观点的人是不能使用这种武器的，因为他们无法做到在保证自身安全的情况下使用；而就算他们做得到这一点，也毫无用处，只能是搬起石头砸自己的脚。一般说来，所持观点与普遍公认之观点相左的人，只能利用仔细研究过的得体之语，最谨慎地避免不必要的冒犯之举，才能赢得人们去倾听，因为稍有偏差，他们往往会一败涂地；而持主流观点的一方所用的肆意谩骂，却会实实在在地阻碍人们宣传相反的观点，阻碍人们去倾听那些宣传这种观点的人的理据。因此，出于真理和正义的利益，制止持主流观点者侮辱谩骂，远比约束持非主流意见者使用辱骂之语更为要紧；比如说，若是必须作出选择的话，那么相比于宗教来说，我们更有必要阻止的，就是人们对不信教者的冒犯性抨击。然而，法律与权威显然都无权对这两种做法实施约束。在任何情况下，舆论都应当根据个案的情况作出自己的判断，即无论何人、无论此人站在辩论的哪一方，只要其辩解方式显得不够坦率、用心恶毒、顽固偏执或者心胸狭隘，都须加以谴责，而不会根据一个人所站的立场，就推断说此人拥有这些恶行，尽管此人的立场与我们自己对问题所持的观点相对立；同时，无论何人、无论此人所持的观点是什么，只要其能够冷静地看待争论、诚挚地评价对手及对手观点的真正本质，既不会夸大事实来败坏对方声誉，也不会隐瞒任何有利于对方或者可能有利于对方的事实，就应给予其应得的尊重。这一点，就是公开讨论应当真正遵循的道德准则；就算人们经常违背，我也会欣然想到，世间还有很多的辩论者，他们在很大程度上都遵循着这种道德规范，并且还有更多的人，正在认真地朝这个方向努力。

# 论幸福要素之个性自由

只要有人认为自己适于尝试，就应当允许他们到实践当中
去证明不同生活方式的价值。

 

 

这些方面，就是人类之所以必须能够自由地形成其观点、必
须能够毫无保留地发表其观点的理由；除非冲破禁令，承认或者
坚持这种自由，否则的话，就会对人类的智力本性造成极其有害
的后果，并且经由智力本性，对人类的道德本性造成严重有害的
后果。接下来，我们不妨探究一下，这些相同的理由是否能要求
人类自由地按照他们的观点去行事，即只要是自行承担风险与危
险，他们就可以在不受同胞造成物质或精神阻碍的情况下，到自
己的生活当中践行那些观点。当然，"自行承担风险与危险"这
一附加条件，无疑是必不可少的。没有哪个人胆敢妄言，行为应
当与观点一样自由。恰恰相反，倘若表达观点的环境使得其表达
构成了对某种恶行的积极煽动，那么连观点本身也无法做到自
由。"粮商把穷人饿死了"或者"私有制等于强盗行径"这样的
观点，若是只在报纸上传播，那么我们就不应当去加以干预；可

若是对着聚集在粮店门前、群情激奋的一批暴民进行这样的口头宣传，或者将其印成传单散发给同一群暴民，或许就理当惩处了。任何一种没有正当理由地对别人造成伤害的行为，都可以受到对立观点的约束，且在一些更加重要的情况下，是绝对需要受到这种约束才行；必要的时候，还需要人类积极的干预。个人的自由，因此必须受到这种程度的限制；任何人都不能让自己去危害他人。不过，倘若一个人不会在他人关心的事情上去干预他人，而在自身关心的事情上也只按自己的意向和判断行事，那么说明我们应该拥有言论自由的那些理由，对此人也同样适用，证明此人理应获得允许，在不受干预和自行承担代价的情况下，将自己的观点付诸实践。人类并非永无谬误；他们获得的真理，绝大多数都只是片面真理。除非对彼此对立的观点做过最充分和最自由的比较，否则的话，将观点统一起来就是一种不可取的做法；除非人类的能力比目前更强，因而全面认识到了真理，否则的话，观点多样化就并非一件坏事，而是一桩好事。这些原则，既适用于人类的观点言论，也适用于人类的行为模式。既然人类并不完美，那么我们拥有不同的观点就是有益之事。同样，我们应当去尝试不同的生活。性格各样的人，都应当获得自由的空间，而不会伤及他人；只要有人认为自己适于尝试，就应当允许他们到实践当中去证明不同生活方式的价值。总而言之，在那些不会从根本上涉及到他人的事情上，人们适于去彰显其个性。凡是不以个人的性格为行为准则，而是以他人的传统或习俗为行为准则的地方，都会缺少人类幸福的一大组成要素，缺乏个人进步和社会发展的一个主要因素。

在坚持这一原则的过程中，我们面临的最大困难，并不在于理解人们为了实现一种公认目标所采取的手段，而在于人们普遍对这种目标本身的漠不关心。假如我们认为个性的自由发展是幸福的基本要素之一，认为个性的自由发展是"文明""教导""教育""文化"这类词语所指意义中的一种协调性因素，那么，我们就不会有低估自由之价值的危险，而调整自由与社会约束之间的界限，也不会存在什么非比寻常的难度。但可惜的是，人类的普遍思维方式几乎不认为个人的自发性具有什么内在价值，或者认为这种自发性本身值得我们去重视。绝大多数人，都满足于人类目前已有的种种生活方式（因为正是这些生活方式，造就了如今的他们），因而不理解，这些生活方式为何没有让每个人都感到满意；此外，自发性并非绝大多数道德改革家和社会改革家所怀理想的组成部分。相反，人们都对自发性心怀戒备，把它看成一种恼人的障碍，认为它会对大众业已接受、这些改革家凭自己的判断认为最有利于人类的事物构成妨碍，或许还是一种难以掌控的妨碍。出了德国，就没有几个人理解威廉·冯·洪堡的学说的意义；无论是作为一位学者（savant）还是作为一名政治家，此人都极其杰出。他曾在一部专著中如此写道："人类之目标，或者说永恒或不可更改的理性所规定，而非模糊、短暂的欲望所启发的目标，就是人的各种能力最高限度地、最为和谐地发展成一个完整而一致的整体。"因此，"每一个人都须不断引导自己努力去实现，尤其是那些企图影响其同胞的人必须始终关注的"目标，"就是能力与发展的个性化"；为了实现这一目标，还须有两个先决条件，即"自由和情况的多样性"。两者结合起来，就会导致"个人活力与千差万别"，而个人活力与差别，又会结合形成"独创性"。

然而，尽管人们还不怎么适应冯·洪堡提出的那种学说，并且会惊讶地发现此人极其重视个性，但有人一定会认为，这只是个重视程度的问题罢了。没有哪一个人，会把人们什么都不做、只会相互模仿当成卓越的行为理念。没有哪一个人会断言，他们不应该在自己的生活方式和关注的行为上，留下自身判断或者个性的任何烙印。另一方面，如果妄称人们应当生活得像他们来到这个世界之前什么都不懂似的，仿佛迄今为止经验一无所用，没有表明一种生存方式或者行为方式优于另一种似的，那就太过荒谬了。没人会否认，人们在年少时应当接受教育和培养，以便了解人类业已用经验确证的成果并且从中获益。不过，只有一个人的官能臻于成熟之后，才有权按照自己的方式去利用人类的经验并加以诠释，一个人也才有了这样去做的合适条件。此人的任务，就是找出人类现有的经验中，哪个部分真正适用于所处的环境和他的性格。在某种程度上来说，别人的传统与习俗，证明了他们的经历给他们带来了一些什么样的知识和教训；这是一种推定性证据，也正因为这样，此人才应予以尊重。不过，首先，别人的经验有可能范围太过狭隘，而他们自己也有可能没有正确地理解这些经验。其次，别人对经验的诠释可能正确，却并不适用于此人。风俗习惯是针对惯常的环境与惯常的性格形成的，而此人的环境或者性格，却有可能非比寻常。再次，就算风俗习惯既优秀，又适用于此人，但把它们仅仅当成风俗习惯来遵从，并不会在此人身上教育或者培养出任何一种属于人类独特天赋的品质来。人类的感知、判断、辨别、思维活动等官能，甚至道德偏好，都只有在我们作出选择时，才会得到锻炼。凡事都遵照习俗惯例来的人，根本就不会作出选择。这种人既不会获得辨别优劣的经验，也不会获得渴望最佳事物的体验。人类的思维和道德力量有如体力，只有通过运用，才能得到增强。仅仅因为别人都在做一件事情而跟着去做此事，并不会让人的各种官能得到锻炼，与仅仅因为别人都相信一件事情而跟着相信此事没什么两样。如果一个人根据自身的理智来看，某种观点的理据并非确凿无疑，而此人却采信了这种观点，那么此人的理智非但无法得到增益，反而有可能受到削弱；如果诱使此人采取一种行动的原因，与此人自身的感受和性格并不一致（这个方面，与他人的感情或者权利无关），那么，这种做法很有可能导致此人的感受和性格变得迟钝和麻木，而不会使之变得积极向上和充满活力。

凡是任由世界或者周围环境替他来决定人生计划的人，其实除了类人猿的那种模仿本领，并不需要其他的任何能力。只有替自己决定人生规划的人，才会运用其所有能力。这种人必须运用自己的观察能力去观察世界，必须运用自己的推理与判断能力去预见未来，必须运用自己的积极主动性去搜集供决策所用的材料，必须运用自己的辨识能力来作出决断，而在作出决断之后，又必须运用自己的毅力和自制力，坚守自己慎重做出的决定。此人需要和运用的这些品质的数量，完全依他根据自己的判断和感受、决定自己实施的那种行为属于重大行动而定。当然，就算没有这些才能，他也有可能被人领上某条正道，远离危险。可那样的话，作为人类，他相对还具有什么样的价值呢？非但人们的所作所为确实很重要，人们的行事方式也很重要。在人类正在恰当地利用生命来不断完善和美化的种种作品当中，最重要的无疑就是人类本身。假设我们可以用机械装置（即机器人）来建造房屋、种植谷物、打仗作战、审理案件，甚至是修建教堂和做礼拜、做祷告，那么，就算是用这些机器人替换掉目前生活在世上较为文明的地区，但无疑只是大自然能够和即将使之变成遍野饿殍的男男女女，也会是一种极其重大的损失。人性并不是一台可以按照模具来制造，并且完全按照设计方式去工作的机器，而是有如一株树苗，需要遵循令其成为生物的种种内在力量的趋势，自行全面成长和全面发展起来。

　　我们多半都会承认，人们最好是锻炼自身的理解力，认为明智地遵从风俗习惯，甚至偶尔明智地偏离风俗习惯，也要好过盲目而完全机械地坚守风俗习惯。人们在某种程度上都承认，我们应当拥有真正属于自身的理解力；可人们既没有那么愿意承认，我们同样应当拥有自身的欲望与冲动，也不那么愿意承认，拥有我们自身的、强烈程度不一的冲动并非危险之事，并非让人一踏进去就出不来的陷阱。其实，欲望与冲动有如信念与自制力，也是构成一个完美之人的组成部分；只有在没有得到适当平衡的情况下，也就是在一组目标和爱好已经发展强大，而原本应当与之共存共生的其他目标与爱好却依然软弱无力、毫无活力的时候，强烈的冲动才会带来危险。并不是因为欲望太过强烈，人们才去干坏事；而是因为人们的良知太过软弱，才会如此。强烈的冲动与软弱的良知之间，并没有什么必然的联系。具有必然关联的，是与之相反的情况。说一个人的欲望与情感比别人更强烈和更丰富，不过是说此人拥有更多构成人性的原材料，因而本领更大，虽说有可能更能作恶，但肯定也更能行善。拥有强烈的冲动，只是精力充沛的另一种说法罢了。精力或许会被用来作恶，但一个精力充沛、活力十足的人与一个懒散怠惰、性格冷漠的人相比，前者往往可以创造出更多的美好。情感最自然的人，往往也是那些可以将情感培养得最为炽热的人。种种让个人的冲动变得生动有力的强烈情感，同样是产生最激情四射地热爱美德的感情、最严厉地恪守自制的力量之源。正是通过这些方面的培养，社会既在履行其义务，也在保护其利益；社会并不是通过拒斥那些能够造就英雄的方面来做到这两个方面的，因为它并不知道如何去造就英雄。据说，一个人的欲望与冲动若是发自内心，即表现出了此人自身得到了所处文化培养和修正的本性，那么此人就具有自己的性格。若是一个人的欲望与冲动并非发自内心，那么此人可以说是毫无个性，就像一台蒸汽机毫无个性一样。如果一个人的冲动非但发自内心，而且非常强烈，还受到一种强大意志的掌控，那么此人就具有一种精力充沛、活力十足的性格特征。不管是谁，如果认为我们不该鼓励由欲望与冲动构成的个性自发流露出来，那么这种人必然会坚称，社会并不需要性格强硬之人，因为社会并不会因为具有众多过度有性格的人而变得更好；他们必然也会坚称，社会的整体活跃水平很高并不可取。

在社会发展的某些早期阶段，这些力量可能会远远超出当时社会能够对它们加以约束和掌控的限度，过去也的确如此。自发性兼个性因素曾经泛滥，社会法则曾经与之进行过艰难的斗争。当时的困难，就在于让体格健壮或者思想强大的人，去服从要求他们约束自身冲动的所有规则。为了解决这一难题，法律与道德规范就像与各国皇帝相斗争的历任教皇一样，坚称拥有一种凌驾于整个人类之上的权力，声称要通过掌控一个人的整个人生，来掌控其性格，因为当时的社会还没有找到其他任何一种足以约束人类性格的手段。不过，社会如今业已完全战胜了个性，因此，对人性构成威胁的，并不是个人的冲动与偏好太多，而是个人的冲动与偏好不足。形势发生了翻天覆地的变化，因为那些身居高位者或天赋禀异者的激情，都处在一种习惯性地反抗法律法规的状态中，必须用锁链将其牢牢束缚，他们的影响可及之人才能有所安全。在我们这个时代，从社会的最高阶层到最低阶层，每个人都生活得战战兢兢，像是时刻处在审查制度那种含有敌意的可怕目光之下。非但在一些涉及他人的事物之上，而且在涉及到他们自身的事物之上，个人或者家庭都不会这样问一问自己：我究竟喜欢什么？究竟是什么东西，才适合我的个性与气质？究竟是什么东西，才会让我身上那些最优秀、最高尚的品质得到公平对待，才能让这种品质茁壮成长和蓬勃发展起来？相反，他们只会问自己：什么东西适合我的社会地位？处于我这种地位和经济条件的人，通常都干些什么？或者（更糟糕的是），地位和经济条件比我优越的人，通常都干些什么？我并不是说，他们会选择符合习俗惯例的东西，认为它们优先于适合自身爱好的东西。除了符合习俗惯例的东西，他们根本就没有想过自己还有什么爱好。如此一来，他们实际上是让思想本身在枷锁面前低下了头。即便是在人们为了快乐去做的事情上，这种人首先想到的也是从众；他们喜欢淹没在茫茫人海当中；只是在普通平常之事上，他们才会作出选择；他们对待独特的品味、古怪的行为时，就像对待犯罪行为一样，唯恐避之不及；除非不遵从自己的天性，否则他们就没有天性可以去遵从；他们作为人类所具有的种种才能，都在退化和荒废；他们都会变得无法产生出任何强烈的愿望或者纯真的快乐，通常既没有家庭培养出来的观点或者情感，也没有完全属于自己的观点或者情感。如今这种局面，究竟算不算得上人性的理想状况呢？

按照加尔文主义的理论来说，算得上。根据那种理论，人类的重大过错之一，就是任性固执。人类能够做到的一切善行，都囊括于顺从当中。您没有选择权。您必须这样去做，而不能那样去做："凡非职责之事，皆为罪孽。"由于人性已经彻底堕落，故除非把内心的人性扼杀，任何人都无法得到拯救。对于一个持有此种人生理论的人而言，消灭人类的所有才能、本领和脆弱之情感，并非一种恶行。人类不需要什么本领，只需顺服于上帝的意志就行了；如果把自己的才能用于其他任何目的，而不是更加有效地去践行上帝的意志，那么一个人最好是没有这些才能。这就是加尔文派的理论；许多认为自己并非加尔文主义者的人，都用一种温和的形式持有此种主张。之所以说"温和"，是因为他们对所谓上帝意志的阐释中，带有一种较淡的禁欲主义色彩，且他们坚称，人类应当满足某些爱好，也是上帝的旨意；当然，并不是以人类喜欢的方式去满足，而是以顺从的方式，也就是用权威为他们规定的方式去满足那些爱好。因此，根据这种情况的必要条件来看，所有的人都得如此。

在某种如此阴险的形式当中，目前存在一种强大的倾向，会把人们引向这种狭隘的人生理论，引向这一理论保护的那种软弱死板的人性。无疑，世间有许多的人都真诚地认为，受到此种约束和显得矮小的人类，才是造物主设计出来的本来面目；这种情况，就如同许多人都认为，树木去了梢或者修剪成动物形状，要比其天然的模样更加好看。不过，倘若一种宗教信仰认为，人类是由某个"至善存在者"（good Being）创造出来的，那么，相信这个"存在者"赋予了人类所有的才能，使之可以得到培养和发挥出来，而不是被彻底根除和消灭掉，且这个"存在者"对其创造物每接近蕴含于他们身上的那种理想概念一步，对他们理解力、行动能力或享乐能力的每一次提升，都会感到欣慰，就更加符合这种宗教信仰。人类的卓越品质当中，有一种与加尔文主义当中的不同；它是关于人性的一种观念，认为上天之所以将人性赋予人类，并非仅仅是为了让人类去舍弃人性，而是还有其他的目的。"异教徒的自我主张"与"基督徒的自我否定"一样，都是人类价值的组成要素。希腊人形成了一种自我发展的理想，柏拉图和基督教的自治理想中都融合了这种理想，但并未取而代之。做约翰·诺克斯这样的人，可能要比做亚西比德[1]好，但做伯里克利[2]那样的人，则比前面两者还要好；不过，若是如今这个时代出了一个伯里克利式的人物，此人身上可不会没有约翰·诺克斯的任何优秀品质。

人类之所以会成为一种高贵而美好的静观对象，并不是因为他们把自己个性的棱角都磨平了，变得千篇一律，而是因为人们在受他人的权利与利益所限定的范围之内，培育和产生出了这种个性。正如所有的作品都会带有作者的性格特点一样，同一过程也会让人生变得丰富多彩、多姿多样和生机盎然，为崇高的思想和高尚的情操提供更加丰富的滋养，并且通过让人类变得日益值得我们去归属其中，从而巩固每一个人与整个人类之间的联系纽带。随着个性的发展，每一个人也会相应地变得对自己更有价值，因而也会变得对他人更有价值。每一个人自身的存在，都会让生命变得更加充实；倘若基本单元活力更足，那么由基本单元构成的民众也会更具活力。为了防止性格较为强悍的人侵犯他人的权利，我们必须制定尽量多的压制手段，并且必得如此；不过，即便是从人类发展的角度来看，这个方面也具有丰富的弥补之道。个人因为受到了阻遏、无法去满足其伤害他人之嗜好而丧失的发展手段，主要都是以牺牲他人的发展为代价而获得的。即便是对个人本身而言，其天性中自私的一面受到约束，可能也具有一种全面的等价效应，会让其天性中社会性的一面得到更加充分的发展。为了他人的利益而强制个人遵从种种严格的正义规则，会让个人培养出诸多以他人之利益为奋斗目标的情操与能力。不过，若是仅仅由于别人不高兴，就在一些不会影响到他人利益的事情上对个人加以约束，却不会让个人培养出什么有价值的情感与能力来，只有可能让个人在反抗这种约束的过程中，逐渐绽放出一种人格力量。若是顺从此种约束，整个天性就会变得迟钝和麻木。要想公平对待每个人的本性，关键就在于允许不同的人过不同的生活。一个时代践行这种自由的程度，与后人值得去关注那个时代的程度是成正比的。只要允许个性存在，那么就算是专制统治，也不会造成最糟糕的后果；任何压制个性的制度，不论名义上叫什么，也不管这种制度宣称是在执行上帝的意志还是人类的禁令，其实都属于专制主义。

由于已经论述了个性与发展是一回事，论述了只有培养出个性，才会培养出或者才能培养出完美的人类，故我可以就此结束论述了：对于人类事务的任何一种状况，除了说它会让人类本身更加接近于他们能够达到的最佳状态，我哪里还能说出更多的赞美之语呢？或者说，对于任何一种阻碍人类向善的障碍，除了说它会妨碍人类本身更加接近于他们能够达到的最佳状态，我又哪里还能说出一些更糟糕的批评之辞呢？然而，毫无疑问的是，这些方面并不足以让那些最需要说服的人心服口服；因此，我们有必要进一步说明，这些得到了全面发展的人对那些没有获得全面发展的人还是具有一定的益处的，即我们必须向那些不渴望获得自由也不愿意利用自由的人指出，若是允许他人毫不受阻地利用自由，他们就有可能获得某种明显可见的回报。

因此，首先我会指出，这些人可以从利用自由的人身上学到一些东西。任何人都不会否认，独创性是人类事务当中一种可贵的组成要素。世间永远都需要一些人；他们非但需要去发现新的真理，指出曾经的真理如今不再正确，而且需要开创新的实践，树立行为更加文明、品味与人生意义感更加高雅的榜样。这一点，任何一个相信这个世界并未在各个方面和各种做法上臻于完美的人，都是无法充分反驳的。诚然，不是每一个人都能带来这样的益处；与整个人类相比，世间只有少数人做出的尝试被他人采纳之后，有可能给人们的既定惯例带来进步。不过，这些少数人正是世界的栋梁；没有他们，人类的生活将变成死水一潭。正是这些栋梁之才，不但创造出了以前并不存在的美好事物，还让那些已有事物保持着勃勃生机。如果世间再无新鲜事物可为，人类是不是就不再需要智力了呢？这一点，是不是那些只会走老路的人应当忘掉他们做事的初衷，应当像牲畜一样而不像人类那样去行事的理由呢？如今人类那些最美好的信念和最优秀的做法，都有一种太过强大、退化成机械行为的趋势；因此，除非一代代人前赴后继地运用其创造力，阻止滋养这些信念和做法的基础变成纯粹的传统。否则的话，这些僵死的信念与做法就抵挡不住任何真正具有生机的事物最轻微的冲击，而文明也没有任何理由不像拜占庭帝国³那样消亡。诚然，天才人物如今极少，并且很可能会一直如此；但要想获得天才人物，我们必须保护天才人物赖以成长的土壤才是。只有在自由的氛围中，天才人物才能自由地呼吸。从"天才"一词的本义来看[4]，天才人物比其他任何人都更具个性，故他们融入那些数量不多的固有模式之一，而不让自己受到痛苦压制的能力也较低；这些固有模式是社会提供的，目的则是为了不让其中的成员形成自己的个性特征。如果出于胆小，他们甘愿被迫融入这些固有模式当中，任由自身天性中因受到压制而无法发展的那一部分永远都不再发展，那么，整个社会就不会因为他们拥有天赋而变得更好。如果拥有坚强的性格，打破自己身上的枷锁，他们就会变成那个并未成功地让他们堕落为平庸之才的社会的标志，而人们也会指责他们，说他们"野蛮狂热""古怪"，发出诸如此类的严厉警告；这种情形，就像有人竟然埋怨尼亚加拉河[5]不像荷兰的一条运河，竟然说其河水没有像后者那样在两岸之间平稳流淌。

如此一来，我才坚持强调天才的重要性，才强调我们允许天才在思想与实践中自由展露出来的必要性；我很清楚，没人会在理论上否认这种立场，但我也明白，现实中几乎人人都对此漠不关心。如果天才让人能够赋出一首令人激动的诗作，或者绘出一幅精美的图画，人们就会认为天才是件好东西。但就天才的真正意义，即思想和行动中的独创性而言，尽管没人说天才不值得赞赏，可几乎所有的人在内心都认为，他们没有天才照样过得很好。遗憾的是，这种情况太过理所当然，所以没人感到大惊小怪。独创性正是那些没有独创性的人感到没有用处的东西之一。没有独创性的人，看不出独创性对他们有何用处；他们又怎么能看得出呢？如果他们都看得出其用处，独创性就不成其为独创性了。独创性对他们的第一种作用，是可以让他们睁开双眼；一旦充分做到了这一点，他们就有了让自己获得独创性的机会。与此同时，独创性还会让他们想到，如今没有哪件事情不是有人率先做过，想到现存的所有美好事物都是独创性的成果，从而让他们保持充足的谦逊之心，相信世间仍有事物需要运用独创性来完成，并且确信他们自己越是缺乏独创性，他们就越发意识不到这种欠缺。

在严肃的现实当中，无论我们对真正或假想的思维优势可能感到多么敬佩，或者甚至曾经表示过敬意，但世间事物的普遍趋势，仍是让平庸成为人类当中的支配力量。在古代史上，在中世纪，在从封建社会到现代的漫长过渡中，个人本身就是一种内在的力量，只是在后面的那个过渡期内，这种力量的力度渐渐衰减了；若是一个人拥有种种了不起的天赋，或者获得了很高的社会地位，那么此人还会是一种巨大的力量。如今，个人却已泯然众人矣。在政治上，说公众舆论如今正在统治着世界，几乎已是一句不值得大惊小怪的说法。唯一名副其实的力量，就是民众的力量、政府的力量，而政府已经自行变成了体现民众种种倾向与本能的机构。不管是个人生活中的道德关系、社会关系还是公共事务，一概如此。那些借公众舆论的名义公开发表意见的人，并非总是同一类公众；比如说，在美国是指全体白人，在英国主要是指中产阶级。不过，公众总是一个集体，也就是说，是一群集体平庸之人。更为新奇的是，如今公众不再听从教会或者国家中的要人、名义上的领袖或者书本中的观点了。一些与公众极其相似的人替他们完成了思考，通过报纸向他们发表讲话，或者冲动地以他们的名义发表意见。我并不是在抱怨这一切。我并不会坚称，一般情况下，有更好的做法适于当前人类这种低迷的精神状态。不过，这种状态并不会妨碍到统治平庸者的政府变成一个平庸的政府。没有哪个由一种民主或者无数贵族掌权的政府，曾经超越或者能够超越平庸的状态，不论是在其政治举措当中，还是在其培养出的舆论、道德品质和思想基调当中，都是如此；迄今为止，只有君主制例外。众人任由自己被一个或少数天赋较高、教育程度较高的人所引领，听取后者的建议，受到后者的影响（在盛世时代，他们一向都是这样做的）。一切高明或者高尚事物的萌芽，都是始于和必然始于个人，并且通常都是始于某一个人。普通人能够获得的荣耀和辉煌，就在于能够追随个人首创的那种新举措，能够发自内心地对高明和高尚的事物做出响应，并且睁开眼睛，清醒地被人引向这些事物。我并不是在支持那种所谓的"英雄崇拜"；这种心态，赞同的是拥有天赋的铁腕人物强行攫取统治世界的权力，让世界违背自身意愿去听从其命令的做法。这种强权人物唯一有权获得的，原本应是为世人指明道路的自由。可强迫他人走上这条明路的权力，非但与其他所有人的自由与发展相矛盾，也会对强者本身产生腐蚀作用。然而，倘若纯粹由普通大众形成的种种舆论，在各地都已变成或者正在变成一种主导力量，那么能够制衡与纠正这种倾向的，似乎确实就只有思想境界更高的人那种日益突出的个性了。尤其是在这些情况下，我们才应当鼓励而不是阻止那些能人异士以不同于普通大众的方式行事。但在其他时候，他们这样干却不会带来任何好处，除非他们的做法非但不同于普通大众，而且比普通大众的做法更好。在如今这个时代，纯粹的特立独行之榜样、纯粹地拒绝在习俗惯例面前俯首低头的态度，本身就是一种贡献。正是由于舆论暴政太过厉害，让"古怪"变成了一种指责，故为了冲破这种暴政，人们才应当都变得古怪起来。不论何时何地，只要富于人格力量，往往也就富于古怪言行；一个社会中古怪言行的多少，通常都与这个社会中人们拥有的天赋多寡、思维活跃度及道德勇敢度成正比。如今之人很少敢于表现得言行古怪，这种现象就是这个时代主要的危险标志。

我已经指出，重要的是尽可能地给非惯常之事赋予最自由的空间，以便到了适当的时候，我们可以看出其中哪些事物可以转变成风俗习惯。不过，特立独行与无视习俗，并非只是因为它们有可能提供更好的行为模式，而那些更值得普遍采纳的习俗可能会被淘汰，才值得鼓励；也不是说，只有那些具有绝对思维优势的人，才有正当的理由要求按照自己的方式去生活。我们没有任何理由，说所有人的生存都应当构筑在一种或者寥寥几种生存模式之上。如果一个人拥有程度尚可的常识与经验，那么，此人自己规划的生存方式就是最合适的；之所以这样说，并不是因为这种生存方式本身最好，而是因为这是他自己的生存方式。人类与绵羊不同；即便是绵羊，它们之间也不是毫无差别、完全相同的。除非按照一个人的尺寸定制，或者有整整一仓库的鞋服可供选择，否则的话，此人就无法获得一件合身的外套、一双合脚的靴子；难道让人适应一种生活，会比让这人去适应一件外套更加容易？难道人类彼此之间，整个身心结构会比他们的脚形更加相似吗？仅凭人们具有各种各样的品味，就是不按照一种模式去塑造他们的充足理由。但是，不同的人的精神培养，需要不同的条件；他们无法再在同一种道德规范中健康地生存下去，就跟不同的植物不能在同一种物质、空气和气候中生存一样。有些事情，虽说可帮助一个人培养出更崇高的本性，可到了另一个人那里，同样的事情却会变成障碍。同一种生活方式，对一个人来说是一种健康的刺激因素，可以让他的所有行动与享乐官能保持在最佳状态。可对另一个人而言，却会变成一种令人分心的负担，妨碍或者破坏其所有的内心生活。这些方面，就是人类在他们的快乐之源、痛苦感以及不同物质和道德力量对他们的影响等方面存在的差异；因此，除非他们的生活方式具有相应的多样性，否则，人类既不会获得应有的幸福，也不会发展至其天性所能达到的思维高度、道德水平和审美高度。那么，就公众的情绪而言，他们的宽容态度为什么只会拓展到强迫其众多支持者服从的生活品味与生活方式上呢？如今，除了一些僧侣机构，就没有哪个地方完全不承认人类品味的多样性了；一个人既可以喜欢，也可以不喜欢划船、吸烟、听音乐、体育锻炼、下棋、玩牌或学习，但这都无可厚非，因为喜欢这些方面和不喜欢这些方面的人都多如牛毛，谁也无法去指责对方。不过，一个人，尤其是一个女人，若是做了"没人去做的事情"，或者没有去做"大家都做的事情"，就会遭到谴责，像是犯下了某种严重的道德罪行一样，成为万夫所指的对象。人们需要拥有某种头衔或者其他某种等级标志，或者需要位高权重者的关照，才能在不损及自己在他人眼中形象的情况下稍微放纵放纵，享受做自己喜欢的事的乐趣。我再重申一下，是稍微放纵一下，因为不管是谁，若是任由自己放纵无度，就有招来比贬损之语更加糟糕之后果的危险；比如说，他们有可能遭到一个精神鉴定委员会（de lunatico）调查，他们的财产有可能被没收，并且分发给亲属[6]。

当前公众舆论的发展趋势中有一个特点，它尤其有可能使公众无法容忍任何明显的个性表现。人类非但在智力上的平均水平属于中等，而且在偏好倾向方面的平均水准也属中等；他们并无足够强大的品味或者意愿去做非同寻常的事情，因而不理解那些拥有这种品味或意愿的人，将后者归入他们通常都瞧不起的"野蛮放纵者"之列。如今，除了这个普遍存在的事实，我们只好假设，一场强有力的运动已经开始朝着提升道德的方向挺进；而且，这显然也正是我们必须期待的结果。当前，这样一场运动已经开始；实际上，这场运动已经产生了巨大的影响，比如人们的行为日益规范起来、过分行为也日益减少了。而且，到处都洋溢着一种慈善精神，而在践行这种精神时，没有什么会比提高同胞的道德与谨慎品质更具吸引力的了。这些时代趋势，使得公众比以前绝大多数时代都更加愿意制定出一般性的行为准则，并且努力让每个人都遵从公认的行为标准。此种标准，无论是明确公示的还是心照不宣的，内容都是不要强烈地渴求什么东西。这种标准认定的理想性格特点，就是没有任何显著的性格特点，就是打压人性当中每一个显得格外突出、往往会让人在日常生活中明显不同于普通人的部分，使之像旧时中国女人的小脚一样，彻底残废。

目前得到公众认可的标准，就像通常情况下其中半数可取内容都会被摒弃掉的各种理想一样，只会产生出对其中另一半内容的拙劣模仿。由此导致的结果，既不是由有力的理性所引导的强大活力，也不是由自觉意志牢牢掌控的强烈情感，而是脆弱的情感与虚弱的活力；因此，我们能够在外表上服从准则，而内心却毫无意志力或理性之力。许多性格上原本活力十足的人，正在大规模地变成纯粹的墨守成规的人。在我国，如今除了经商，几乎就没有什么让民众释放活力的途径。用于经商一业上的活力，总量可以说仍然十分可观。经营此业剩余下来的少量精力，人们都是用在某种业余爱好之上；虽然这有可能是一种很有益处，甚至是一种带有慈善性质的业余爱好，但它始终都是某件具体的事情，并且通常都是一件规模很小的琐事。英国如今的伟大，是一种集体的伟大；个人很渺小，我们似乎只有利用那种共同的习惯，才能成就任何伟大之事。有了这一点，我们的道德慈善家与宗教慈善家却都感到相当满意。不过，让英国成为如今这样一个伟大国家的，却是另一类人，而不是这些人；我们正是需要这另一类人，才能阻止英国的衰落。

无论哪里，习俗惯例的专制暴政都是人类发展进步的一大顽固障碍，它不停地与人类以某种优于习俗惯例之事物为目标的那种性格倾向作对；据实际情况而定，这种性格倾向被人们称为自由精神、进取精神或者改良精神。改良精神并非总是一种自由精神，因为前者有可能旨在强迫一个不情愿的民族去作出改良举措；而自由精神却反对这种做法，因而有可能局部和暂时地与反对改良的人联起手来。不过，自由精神是唯一可靠和永久地作出改良的源泉，因为利用自由精神，世间就有可能出现和个人数量一样多的独立改良中枢。然而，无论是以热爱自由还是热爱改良的形式呈现，进步的原则都是与习俗惯例的统治相对立的，其中起码也包括了从习俗惯例的枷锁中解放出来；两者之间的竞争，就构成了人类历史的主要关切点。严格说来，世界上的大部分国家和地区都没有历史，因为习俗惯例对它们实施着彻底的专制统治。整个东方世界就是这种情况。在东方世界里，所有事情的最终结局都会由习俗惯例来决定；正义和权利就是指遵从习俗惯例；除非是某个醉心于权力的暴君，否则谁也不会想到要去反抗习俗惯例。而且，我们也看到了这种情况导致的结果。那些东方民族，必定都一度具有过独创性；他们并非刚一开始就人口众多、有文化有修养，并且精通众多的生活艺术；这一切，都是他们自己创造出来的；他们也一度都是世间最了不起、实力最强大的民族。可是，他们现在的情况如何呢？竟然变成了一些部族的臣民或者附庸；当他们自己的先辈已经建造出了金碧辉煌的宫殿和华美壮丽的庙宇之时，这些部族的先祖却还在森林当中游荡，只不过，习俗惯例是用自由和进步对这些部族分而治之罢了。一个民族，似乎有可能在进步了一段时间之后，就停止进步；可其进步会在什么时候停滞下来呢？就是当这个民族不再具有个性的时候。如果欧洲各民族也遭遇同样的变故，它们的变化形式可不会与东方民族完全一样，因为习俗惯例的暴政对这些民族构成的威胁，并非完全是停滞不前。欧洲那种习俗暴政明令禁止特立独行，却不排斥变化，只要凡事一起变化就行了。我们已经抛弃了祖先那些固定的服饰，可每个人还是必须打扮得跟别人一样，只是时尚每年都可能会变化上一两次。如此一来，我们就会注意到，变化出现的时候，完全是为了变化而变化，而不是出于人们有了什么美丽或者便利的想法才变化；这是因为，整个世界的人心中不可能同时出现同一种美丽或者便利的观念，而过后这种观念也不会同时被所有的人抛到脑后。不过，我们既有进取精神，也很善变。我们在机械装置方面不断做出新的发明，并且一直保留着这些发明，直到它们被更好的发明创造所取代；我们渴望在政治、教育甚至是道德规范方面有所改良，尽管在最后一点即道德规范方面，我们的改良观念主要就在于说服或强迫他人变得像我们自己一样善良。我们反对的，并不是进步；相反，我们还以自己是有史以来最进步的民族而感到自豪。我们对抗的是个性；因为我们都认为，若是把自己变成一样的人，那就是创造出了奇迹，其间却忘记了这一点：一个人与另一个人的差异，通常都是最先引起两个人注意的地方；这些差异，要么是让人注意到自己这一类人的缺陷和另一类人的优势，要么就是让人注意到，他们有可能将两类人的优势结合起来，创造出比两者更加优秀的人物。中国就是提醒我们注意这个方面的一个例子：中华民族是一个天分颇高的民族，在某些方面甚至是一个极具智慧的民族，在历史早期就很幸运地形成了一套特别优秀的习俗惯例；它们都是中国古人的杰作，连文明程度最高的欧洲人也必须在有所限定的情况下，多少为这些中国古人冠上圣贤和哲者之名。中国古人的非凡之处还在于，他们利用一套极其高明的手段，尽可能地将自己掌握的智慧之精华，深深地印刻在全社会的每一个人心中，并且确保最充分地吸纳了这种智慧之精华的人担任名权双收的职务。无疑，能够做到这一点的中华民族，已经发现了人类进步的奥秘，原本是一定会让自己稳居世界发展之潮头的。可实际情况呢，却恰好相反：他们竟然变得故步自封，一直在原地停滞了数千年之久，以至于他们若想进一步向前发展，就只能依靠外族的力量了。他们已经成功地让整个民族都变得千人一面，一直用同一套准则与规矩统治着民众的思想与行为；这就是他们获得的"成果"，也是英国的慈善家们正在孜孜以求却毫无希望做到的事情。现代的欧洲公众舆论制度形式上无组织，体现的内容却是有组织的中国教育制度和政治制度；除非个性能够成功地对抗这种枷锁，否则的话，尽管欧洲具有高贵的历史渊源和全民信奉的基督教，它也会逐渐变成另一个中国。

那么，迄今为止，究竟是什么让欧洲没有遭遇此种厄运呢？究竟又是什么，让欧洲这个民族人家庭成了人类当中不断进步的一员，而没有变成停滞不前的一员呢？答案并不是欧洲各民族身上有什么卓越之处，而就算他们具有卓越之处，那也是导致欧洲进步的结果而非原因；答案在于，他们的性格和文化具有显著的多样性。这里的个人、阶级、民族，彼此全都极其不同；他们开辟出了一条条大相径庭的道路，而其中每一条道路，都会让他们通往某种可贵之成就。尽管在每一个时期，走不同道路的民族对待彼此时都不宽容，而且每个民族都认为，要是能够迫使其他民族全都走上自己的这条道路，将是一件极其美妙的事情，可他们企图阻挠彼此发展的做法，却很少获得长久的成功，因而每个民族都适时地做到了忍辱负重，享受到了其他民族发展带来的好处。在我看来，欧洲的进步与多方面发展，全都得益于这种多元化的发展道路。不过，如今欧洲拥有的这种优势，已经开始大幅下降了。欧洲正在毅然决然地朝着那种中国式的理想前进，要将所有民众都变得毫无二致。德·托克维尔先生[7]在他最后一部重要著作中曾经评论说，当今时代的法国人，彼此之间的相似程度甚至远远超过了上一代人。同样的评论，也可以用于英国人，只是英国人的相似程度还要更大而已。在前文引用过威廉·冯·洪堡所写的一段文字中，此人曾经指出了人类发展进步的两个必要条件，即自由与环境的多元化；因为必须具有这两个条件，才能让民众彼此之间形成差异。在我国，第二个条件正在日益消失。围绕着不同阶级和个人并且塑造其性格特点的环境，正在变得日益趋同起来。在以前，不同阶层、不同社区、不同行业与职业的人，可以说都是生活在不同的世界里；可如今呢，他们在很大程度上却可以说是生活在相同的世界里。相对而言，他们如今阅读的、听到的和看到的都是同样的东西，去的是相同的地方，将希望和担心都指向相同的目标，拥有相同的权利和自由，以及维护这些权利和自由的相同手段。尽管他们在地位上仍然存在巨大的差异，但与已经不再存在的差异相比，这些地位差异却只能算是微不足道的。而且，这种趋同现象还在继续发展着。这个时代的所有政治变革，都会促进这种趋同，因为政治变革往往会抬高卑贱者的地位，同时降低显贵者的地位。教育领域的每一次拓展，都会促进这种趋同现象，因为教育会让人们受到共同的影响，让他们获得普遍的既存事实和情操。交通方式的改善，会促进同化；因为这种改善，会让相距遥远之地的居民之间也可以产生直接接触，让人们可以迅速从一地迁居到另一地。商业和制造业的增长，会促进同化；因为这种增长，会把舒适环境的种种优势更加广泛地传播开来，让人们能够就其抱负中怀有的一切目标，甚至是就其最高目标展开普遍的竞争，并且让渴望地位上升不再是某个特定阶层的特点，而成了所有阶层的共同特征。还有一个甚至比上述方面都要更加有力的因素，导致整个人类具有了一种普遍的相似性；这个因素，就是各个自由国家都全面确立起了公众舆论在政府中的统治地位。随着各种让人们可以肆意无视公众舆论的显赫社会地位逐渐变得平等起来，随着人们明确得知公众具有意志，因而务实的政治家们日益不再怀有抵制公众意志的观念，整个社会就不再为那些不守成规的做法提供支持了；而社会上任何一种独立存在、本身与数量优势相对立的力量，对于那些与公众舆论相左的观点和倾向，却开始有兴趣加以保护了。

这些原因结合起来，便形成了一系列极其强大的反个性力量，以至于我们很难看出，个性要怎样才能牢牢守住自己的立场。除非能够让公众当中有头脑的人感受到个性的价值，明白差异即便不会让世界变得更好，即便在他们看来有些差异还会让世界变得更差，但世间存在差异也是一件有益之事，否则的话，个性将会日益难以坚守其立场。若想维护个性方面的种种主张，最佳时机就是现在，因为目前仍然缺乏彻底完成强制同化的诸多条件。只有在趋同的早期阶段，个性才能成功抵挡住同化的侵蚀。希望别人与我们自己相似的这种要求，会因为人们的顺从而变得更加强大。如果要等到人生沦落至几乎只有一种统一的类型才抵制，那么所有偏离这种类型的行为，都会被人们看成不虔敬、有违道德甚至是可怕的和违背人类天性的行为。若是习惯了长久看不到多样性，人类恐怕连多样化究竟是何物这一点，很快也会无法想象出来了。

# 论社会对个人行使权力之限制

在干涉个人行为的时候，公众很少考虑别的方面，想到的全都是此人的行为或情感竟然敢如此与公众本身的行为或情感大相径庭。

那么，个人对其本身行使自主权的合法界限是什么？社会的权威始于何处？人类的生活当中，应由个人自主支配的部分占多少？应由社会来管控的部分又占多少呢？

若是各自都有较明确地加以关注的人类生活领域，那么，个人自主权与社会职权也各有其正当的管辖范围。生活当中主要涉及个人那一部分，应当属于个人自主权；而其中主要涉及社会的那一部分，则理应属于社会行使其职权的范畴。

尽管整个社会并非以契约为基础构建起来的，尽管虚构出一种契约并从中得出各种社会责任的做法不能实现什么良好目的，但每一个得到了社会保护的人，都理应为自己获得了此种利益去回报社会，而人人都是生活在社会当中的这一事实也要求，每个人都必须遵守某种待人接物的行为准则，并且责无旁贷。这种行为准则，首先就在于不损害彼此的利益；更准确地说，是不损害彼此之间的某些利益。不论是通过法律明文规定，还是由人们心照不宣地公认，我们都应当把这些利益看作权利。其次，对于为捍卫整个社会或其成员免遭伤害和干扰而需付出的劳动与牺牲，每个人都应当承担起自己应负的那一部分责任；至于具体份额，则据某种公平原则来确定。对于那些千方百计地不履行这两种义务的人，社会完全有理由不惜任何代价，强迫他们去履行。社会可以行使的职权，并非仅止于此。一个人的行为有可能损及他人，或者没有适当地顾及他人的幸福，但没有严重到侵犯他人合法权利的程度。那么，做出这种损人之事的人尽管不会受到法律惩处，却可以受到舆论的公正谴责。只要一个人的行为不公正地影响到了他人的利益，社会对其行为就具有管辖权；只是社会干预究竟会不会促进公众的福祉，则是一个值得讨论的问题。不过，倘若一个人的行为只会影响自身的利益，不会损及其他任何人，或者无需去影响他人，只会在他人愿意的情况下才会影响到（相关人等都已成年，且具有普通水平的理解力），就完全无需讨论这样的问题了。在上述所有情况下，个人都应当完全具有实施这种行为以及承担其后果的法律自由与社会自由。

假如我们认为这是一种自私自利的漠然态度，假装人类在生活当中的行为彼此毫不相干，妄称除非涉及了自身的利益，否则人们就不应当去关心彼此的善举或幸福，那就是严重误解了这种观点。如今世间需要的是，人们应当努力多做无私之事来增进他人的利益，而不是减少这样的努力。不过，我们可以找到其他的方法，说服人们为了他们的利益多行无私的善举，而不应当靠鞭子和拷打（无论是真正的鞭子和拷打，还是比喻意义上的鞭笞和拷打）来实现这一目的。我是绝对不会轻视那些自我关涉品德的；它们的重要性就算曾经位居其次的话，也仅次于社会公德。培养出这两种品德，就是教育的责任。不过，即便是教育，也是凭借证明说服和强制两种手段来发挥作用的；若是人们过了接受教育的年龄阶段，教育就只能用前一种手段，把种种自我关涉的品德灌输给他们了。人类是靠相互帮助，才能区分良莠；是靠相互鼓励，才能做到择优汰劣。他们应当永远相互激励，增进种种高等官能的运用，提升情操和目标的指向，朝着睿智而非愚蠢、升华而非堕落的目标和思想前进。但是，无论是一个人还是一群人，都没有正当理由告诉另一个成年人，说后者不应当为了自身的利益，按照自己的选择去对待生活。任何一个人，都是最关注自身幸福的人；除非是其他人对此人怀有强烈的个人感情，否则的话，与此人对自身幸福的关注相比，其他任何人可能对其幸福的关注，都可以说不值一提。社会对个人的关注（个人对他人的行为除外），既微不足道，也完全属于间接关注；而对自身的情感与所处的环境，哪怕是最普通不过的男女，拥有的了解手段也要远远超过其他任何一个人。社会若是干涉，否定他在那些只涉及自身之事上所做的判断和目标，那么，这种干涉必定是以种种一般性的假设为基础；它们有可能全然不对，而就算是正确的，也要尽量避免被那些并不比纯粹的旁观者更了解情况的人，错误地应用于独立的个案上。因此，在人类事务的这个方面，个性具有其特有的活动范畴。在人类彼此的行为中，大多数情况下人们都必须遵守那些一般性的准则，以便他们清楚自己只能期望什么样的情况；但在只关乎自身的一些方面，每个人却有权自由地发挥个人的自发性。别人可以提出一些帮助他提高判断力的意见和增强意志力的劝勉，甚至将这些意见和劝勉强加于他；可即便如此，最终做出决定的，仍是此人自己。他不听从忠告与提醒而有可能犯下的所有错误，都远不如允许他人自以为是地约束此人去做对他有利之事所带来的弊病那么严重。

我并不是说，别人看待某一个人时的感受，绝不应当受到此人那些自我关涉的品质或者缺点的影响。这种情况既不可能做到，也是不可取的。假如此人具有某种特别明显的、有益于其自身良善的品质，那么他就是值得我们去钦佩的人。这种人更加接近于理想的完美人性。如果此人极其欠缺这些性格特质，人们就会对他抱有一种与钦佩相对的情感。倘若某人表现出一定程度的愚蠢，以及一定程度的、可以称之为低级趣味或者堕落的特质（只是这种说法并不委婉）。那么，它们即便并非人们去伤害身上呈现出这种性格特征的人的正当理由，也必然会让此人成为大家讨厌的对象，在极端情况下甚至为大家所蔑视；因此，一个人不可能既具有与之相反、强度适当的种种优秀品质，同时又不对前面那种人产生厌恶之情。虽然没有伤及任何人，可一个人的行为却有可能让我们不得不对其评判，认为他是一个傻瓜，或者是一个劣等之人。既然这种评判和感受是一种事实，此人并不希望看到，那么预先提醒一下，就会对此人大有裨益；所起的作用，跟预先提醒此人说他会造成其他任何一种不利后果是一样的。诚然，如果人们能够超出目前那些一般性礼貌观念容许的程度，更加自由地提供这种帮助，如果一个人能够真诚坦率地向另一个人指出其过错，而不会被后者认为无礼或者自以为是，将是一桩大好之事。我们也有权根据自己对他人的负面看法，用各种各样的办法采取行动；当然，目的并不是为了压制对方的个性，而是为了运用我们的个性。比如说，我们不是非得跟此人交往；我们有权不跟此人往来（只是不要张扬此事），因为我们有权选择自己最合意的交往对象。假如我们认为，此人的做法或者言辞可能会对与之交往的人产生有害的影响，那么我们就有权提醒他人来提防此人；这样做，或许还是我们应尽的一种义务。在能够选择的时候，我们可以优先去帮助别人，而不去帮助此人，除非我们的帮助可能让此人有所改进。在上述不同的情况中，此人都会因为那些只是直接涉及其自身的缺点而受到他人施予的严厉惩罚；不过，只有当这些惩罚合情合理，并且可以说是那些缺点本身自发带来的后果，而不是出于惩罚之目的，有意地加诸其身，此人才会受到惩罚。一个鲁莽、固执、自负的人，一个无法节制地生活的人，一个不能约束自己而沉溺于不良嗜好的人，一个以牺牲情操和智力为代价，去追求低级享乐的人，必定会受到他人的鄙视，也必然不会赢得他人的太多好感；不过，除非此人在社交关系方面具有特别的过人之处，赢得了他人的好感，并且进而有资格在不受自身种种缺陷影响的情况下获得他人的帮助，否则的话，对于别人的鄙视与反感，此人就无权埋怨。

我的观点是，一个人由于具有一些只涉及自身、但不会影响到与之交往者之利益的行为与性格特点，而应当受到的惩罚，只能是别人对他做出不利的评判之后完全不可分割地带来的种种不便。但是，伤害他人的行为却要求我们以完全不同的态度去对待。比如侵犯他人的权利，不正当地顾及自身权利而令他人遭受损失或者伤害，与他人打交道时说谎或者口是心非，不公平或不大度地利用优势去压制他人，甚至是自私自利、不肯保护他人免遭伤害；这些做法，都会理所当然地遭到道德谴责，情况严重时甚至会必然招致道义上的报应和惩罚。非但这些行为完全有悖道德，连导致一个人做出这些行为的性情也是如此，两者都理应受到谴责，甚至有可能上升到为人所痛恨的程度。比如性格残忍，怀有恶意和心地不良，怀有所有情感中最具反社会性和最为可憎的妒忌心，虚伪和不诚实，一点小事就大动肝火、为了鸡毛蒜皮的事情暴跳如雷，喜欢在别人面前专横跋扈，贪得无厌（也就是希腊人所谓的"贪欲"[1]），骄傲自大、以贬低他人为乐，以及认为自我及其关切重于其他一切、用有利于自己的方式去解决所有存疑问题的利己主义心态；凡此种种，都属于道德上的恶习，会让人形成一种邪恶而可憎的道德品质。它们不同于前文中提到的自我关涉缺点，因为那种缺点并非严格意义上的道德败坏，并且无论有可能达到什么样的严重程度，它们都算不上邪恶。它们可能说明了一个人较为愚蠢，或者没有人格尊严和自尊心；但是，只有在涉及一个人违背了对他人应尽的义务时，它们才会受到道德谴责，因为要想对他人尽到义务，一个人必须先照顾好自己才行。我们所谓的"对自身的义务"并不是社会义务，除非所处环境使得这种义务同时也成了对他人应尽的义务。"对自身的义务"这种说法，若说除了谨慎之外还有所指的话，那就是指自尊或自我发展；任何人都不会因为这些方面而对同胞负有什么义务，因为让一个人必须在这些方面向同胞负责，并不符合人类的整体利益。

一个人若是在谨慎或者人格尊严方面存有缺陷，就完全有可能招致他人的不尊重；而此人若是侵犯了别人的权利，则应当受到谴责。上述两种情况之间，并非只有名义上的区别。这种区别，会让我们在对待此人时的感受以及行为都大不相同；不管此人是在我们认为自己有权去约束他的事情上让我们感到不快，还是在我们知道自己无权去约束他的事情上触怒了我们，都会如此。倘若一个人让我们感到不快，那么我们既可以表达出对此人的厌恶之情，也可以对触怒了我们的人和事物敬而远之；但即便如此，我们也不应该认为自己必须让此人活得不安然。我们应当想到，此人已在承担或者将要承担其错误带来的所有惩罚；就算此人处置不当，毁掉了自己的人生，我们也不应该由于这个原因而想干雪上加霜的事情，进一步去毁掉此人的生活。我们非但不应该希望惩罚此人，反而应当向他指明，如何才能避免或者纠正其行为举止经常导致的那些弊端，来尽量减轻此人承受的惩罚。此人或许会让我们感到怜悯，或许会让我们感到讨厌，却不应让我们感到愤怒或者怨恨；我们也不应把此人当成社会公敌来对待。若是没有善意的干预，没有表现出对此人的关注与关心，那么我们认为自己有权做到的最坏程度，无非就是不去理睬此人罢了。不过，此人若是违反了保护同胞个人或集体所必需的规定，情况就完全不同了。那样的话，此人行为所带来的恶果便不是由他本人去承担，而是落到了他人的头上；身负保护全体成员之责任的社会，就必须报复此人，必须明确地为了惩罚而去惩处此人，并且必须确保惩处的程度足够严厉。在这种情况下，此人就是接受审讯的罪犯，我们非但必须对其进行审判，还须以某种形式执行我们做出的判决；在前面那种情况下，我们却没有任何权利对此人实施惩罚，除了在我们自由管理自身的事务时，可能偶然会给此人带来痛苦，而我们也允许此人同样自由地去管理他的事务。

此处指出了一个人的生活当中只涉及自身的部分与涉及他人的部分之间有所区别，可许多人都会拒绝承认这一点。（有人可能会问）一名社会成员的行为中，怎么可能有一部分，对其他成员来说完全无关紧要呢？没有哪一个人是完全与世隔绝的；一个人做出任何一件严重或者永久性地伤害自己的事，起码也是不可能不伤害到自己的近亲的，而这种影响常会远远超出近亲的范围。若是损毁自己的财物，他就会伤害到那些直接或间接地依赖这种财物为生的人，并且通常会或多或少地减少整个社会的资源总量。若是让身体或者精神健康恶化，他就非但会给所有依靠他来获取幸福的人带来不幸，而且会导致他自己无力再为所有同胞提供其分内的服务，没准还会成为同胞们的精神负担，或者要求同胞们提供善举；若是这种行为频繁发生，那么人们犯下的任何一桩罪行，几乎都会不及这种行为消耗的善心总量。最后，就算一个人的恶习或者愚蠢行径不会直接危及他人，（我们可以说）他也是一种不良的榜样，故我们应当强制此人去约束自己，以免看到或了解其行为的人不会受到此种不良榜样的腐蚀或者误导。

有人还会说，即便不当行为的后果可以受到限制，只会影响到实施不当行为的邪恶之人和鲁莽者自身，那么，社会又应不应当抛弃那些明显与社会格格不入的人，让他们自生自灭呢？如果世人公认我们应当保护儿童和未成年人，使之免受自身伤害，那么，社会是不是也有义务去保护那些同样无力自我管理的成年人呢？如果说赌博、酗酒、纵欲、懒散、肮脏等方面，跟法律禁止的许多或者大多数行为一样，既对幸福有害，也会严重妨碍到进步，那么（有人可能会问），法律何不在符合实用性与社会便利性的条件下，同样大力去约束这些行为呢？而且，既然是对法律必定具有种种不完善之处的补充，舆论难道不该起码组织起一种强大的监督力量来对付这些恶行，并对已知干出了这种恶行的人实施严厉的社会惩罚吗？（可以说）这种做法完全不是要限制人们的个性，或者妨碍人们在生活当中去尝试新鲜事物、进行创新实验。这种做法试图阻止的，就是人们从世间开天辟地以来，业已尝试和谴责过了的那些事情，就是经验已经表明无益于或不适于任何人的个性的事情。人们必须经历一定的时间、积累一定的经验之后，才能认为他们确立了一条道德真理或者一条审慎的真理；而这样做，人们不过是希望阻止一代又一代人走先辈的老路，不让他们在导致先辈致命的同一处悬崖上失足罢了。

我完全承认，一个人对自己造成的伤害，可能会经由别人的同理心与利益，对那些与之关系密切的人产生严重的影响，并且在较小的程度上影响到整个社会。倘若一个人做出了这种行为，违背了他对其他任何一个人或一群人应尽的明确义务，那么，这种情况就不再属于自我关涉的范围，而是变成了一个应当受到严格意义上的道德谴责的问题。例如，一个人若是因为酗酒和奢侈浪费而变得无力偿债，或者在身负养育家庭这一道德责任的情况下，因为同样的原因而无力供养家人或者无法让家人接受教育，那么此人就应当受到谴责，可能还会依法受到惩处；不过，这是由于他违反了对家人或债权人应尽的义务而对他进行的谴责和惩罚，而不是因为此人奢侈放纵而对他谴责和处罚。哪怕此人将原本应当用于家人或债权人的财产挪去做最精明的投资，也会受到相同的道德谴责。乔治·巴恩韦尔[2]为了给自己的情妇钱财而谋害了自己的叔父，可就算他是为了搞到自己做生意的本钱而犯下这种谋杀罪行，同样也会被判处绞刑。还有一种常见的情况就是，一个男人沉迷于种种恶习，给自己的家人带来了不幸，那么此人就理当因为薄情寡义或者忘恩负义而受到谴责；不过，此人也有可能培养出了一些本身并非不端的习惯，若是它们令那些他要与之度过余生的人或者出于个人关系而靠他来提供慰藉的人感到痛苦，他就同样应当受到谴责。不论是谁，在自己没有为某种更加紧急的义务所迫，或者没有正当理由按照自己的偏好去选择的情况下，如果没能大致顾及到他人的正当利益和合理情感，就应当因为没有做到这一点而受到道德谴责；但这种谴责针对的既不是导致他没能做到这一点的原因，也不是只会殃及其个人、可能在很轻的程度上导致了他没能做到这一点的那些过失。同样，倘若一个人通过纯粹的自我关涉行为，使得自己无法再履行他对公众负有的某种明确义务，那么此人就是对社会犯下了过错。没人会仅仅因为喝醉了酒而应当受到惩罚；可一名士兵或者一名警察若是在执勤的时候喝醉了，却理应受到惩处。总而言之就是，不论何时，只要出现了明确地损及个人、公众的行为，或者明确地具有损害个人、公众之行为的危险，这种情况就不再属于自由的范畴，而应归入道德或法律的范畴了。

不过，如果一个人的行为既没有违背自己对公众所负的任何一种特定义务，也没有对除自己以外的任何一个确定的个人造成明显的损害，却给社会带来了纯属偶然的危害，或者还可以称之为推定性的危害，那么为了人类自由这种更加重要的利益，社会是能够承受这种危害的。如果成年人因为没有好好照顾自己而会受到惩罚，我倒宁愿是为了他们自身的利益，而不是借口说为了防止他们损害自身为社会创造利益的能力才去惩罚他们，因为社会并未妄称有权向他们索取这些利益。但是，我无法同意就这一点展开争论，仿佛社会没有办法让其中的弱势成员提升到普通的理性行为水平上，只会等着这些成员做出不理性之事，然后据此对他们实施法律制裁或者道德惩罚似的。在这些弱势成员人生中的整个早期阶段，社会都具有凌驾于他们之上的绝对权力：在他们的整个童年和未成年时期，社会也能够尝试，看能否让他们获得在生活中理性行事的能力。上一代人既负责培养下一代，也完全了解下一代的所有情况；诚然，这种培养并不能让下一代人做到完全睿智和善良，因为上一代人本身就在善良和睿智方面令人叹惋地有所欠缺。而且，在许多个案当中，上一代人哪怕做得最好，也并非总是做得最为成功；不过，上一代人完全有能力让正在成长的下一代整体上变得像他们自己一样善良，并且更加善良一点。如果社会任由众多的成员成长为"巨婴"式的人，不能理性地思考长远动机并据此行事，那么这种后果的责任就在于社会本身。社会不仅掌控着教育的全部力量，还处于支配地位，用公认观点始终对那些最无能自行作出判断的人发挥着权威的作用。社会还有种种自然的惩罚手段相助，若是有人让熟人感到厌恶和瞧不起，这些惩罚必然就会落到此人身上。所以，我们不能任由社会妄称，除了这些手段，它还需要获得在个人关切的事情上发号施令、强制个人服从的权力，因为根据已有的正义原则与政策来看，在这些个人事务当中做出决定的权力，应当属于那些要承担其后果的人。如果社会变本加厉，采取更加恶劣的手段，那就没有什么会比这种行径更能让整个社会蒙羞，更能让那些影响人们行为的更佳手段发挥不出应有的作用了。被迫变得小心谨慎或者顺从节制的人当中，若是有任何因素造就了一些精力充沛、性格独立的人，他们就必然会奋起反抗这种束缚。这样的人当中，没有一个人会认为别人有权在其个人之事上约束他，就像别人必须防患此人去危及他们的个人事务一样，而公然反抗这种僭夺的权威、大张旗鼓地与这种权威的要求对着干，也很容易被人们看成是气魄非凡和勇敢无畏的标志；查理二世 [3] 统治时期，继清教徒实行狂热的道德不宽容政策之后出现的那种粗暴反抗，就是如此。至于所谓的我们必须保护社会，使之不会因邪恶或自我放纵者成为他人的不良榜样而带来的弊端所害这一点，尽管不良榜样确实有可能带来有害的影响，而让干坏事者不受惩罚、导致对他人不公平还尤其如此，但我们现在讨论的，是对他人没有危害、却会严重损及行为者本身的那种行为。因此，我不明白那些相信这一点的人怎么会持相反的观点，而不认为这种榜样从整体上来看，必然是利大于弊；因为如果其中呈现出了不当行为，那么其中也会呈现出由此导致的痛苦后果或者可耻后果。一个人的行为若是理当受到谴责，那么在所有或者绝大多数情况下，由此导致的后果也同样应当受到谴责。

但是，在所有不赞成公众对纯粹的个人行为进行干涉的论点当中，最有力的一种就是：公众的确去干涉时，很有可能是在错误的地方实施错误的干涉。在社会道德、对他人负有之义务等问题上，公众舆论也即绝大多数人的观点尽管经常是错误的，但很有可能在更多的时候都是正确的；因为在这样的问题上，公众只需对自己的利益作出判断，只需对某种行为模式（若是允许实施的话）会用何种方式对他们自身产生影响作出判断。不过，类似的大多数人若是把自己的观点当成律法强加于少数人身上，那么他们对自我关涉行为的看法，对错几率却有可能差不多；因为在这些情况下，所谓的公众舆论，充其量不过是某些人在什么东西对他人好、什么东西对他人不好两个方面所持的观点罢了，而经常出现的情况则是，他们连这一点都做不到。公众其实持完全漠不关心的态度，根本无视他们谴责其行为的人是否快乐与方便，一心只关注自己的喜好。世间有许多的人，都把他们厌恶的行为看成对自己的一种伤害、当成对他们自身情操的侮辱，因而对之深恶痛绝；就像我们都知道，一名宗教偏执者在受到无视他人的宗教情感这种指责时会反驳，说别人也坚持着他们那种可憎的宗教信仰或教义，无视他的情感一样。不过，一个人对自身所持观点的感受，与另一人因前者持有此种观点而受到冒犯的那种感受之间，并无对等关系可言；两者之间的关系，无非就像一个小偷想要盗取钱包，钱包主人却想守住钱包两种心态之间的关系。一个人的品味属于其自身的独特关注，一如他持有的观点或所带的钱包。任何一个人，都不难想象出一种理想的公众形象；这种公众会让个人拥有自由和选择，可以不受干扰地去决定所有的未决之事，只要求个人避免普世经验加以谴责的那些行为模式。可是，世间又哪里出现过一种如此限制其自身之审查权力的公众呢？公众又何曾付出过心血，去寻找过什么普世经验呢？在干涉个人行为的时候，公众很少考虑别的方面，想到的全都是此人的行为或情感竟然敢如此与公众本身的行为或情感大相径庭；这种几乎不加掩饰的判断标准，竟然被十分之九的伦理学者和思辨作家当成了宗教与哲学给人类所下的命令。这些人教导我们说，事物之所以正确，是因为它们本身就是正确的，是因为我们认为它们是正确的。他们教导我们说，要到头脑和心灵深处去寻找约束我们自身和其他所有人的行为法则。可怜的公众除了践行这些教导，除了在个人的善恶情操方面大体上一致的情况下，把这些个人善恶感强加给整个世界，还能怎么办呢？

此处指出的"恶"，并非只存在于理论当中；读者可能希望，我当举出一些具体例子来说明，在如今这个时代，我国公众不恰当地给自己的种种偏好赋予了道德法则的性质。我撰写此文，并不是为了论述现有道德观当中存在的种种失常现象。那是一个太过重大的主题，不能只是以例证的方式，在文中附带地加以论述。不过，举出一些例子还是很有必要的，因为它们可以说明我所维护的原则具有严肃而现实的重大意义，说明我并非是在努力筑起一道堡垒，来对抗想象中的种种恶行。而且，我们通过大量的实例就不难看出，扩大所谓的"道德警察"的权限，直至侵犯最无可置疑的合理合法的个人自由，正是人类最普遍的倾向之一。

首先，我们不妨思考一下人们心中怀有的种种憎恶之情；他们怀有这些憎恶之情的理由，比那些持有不同宗教观点的人不去践行其教规，尤其是不遵守宗教禁忌的理由，好不到哪里去。我们可以举出一个相当微不足道的例子：在基督徒奉行的教义或宗教惯例当中，最能激起穆斯林对他们的憎恶之情的，莫过于他们食用猪肉这一事实。基督徒和欧洲人讨厌任何行为的真挚程度，都比不上穆斯林对食用猪肉这种特定的充饥方式的憎恶之情。第一，食用猪肉是对穆斯林所奉宗教信仰的一种冒犯之举。但是，这种情况根本无法解释他们如此反感的原因及其反感态度的性质，因为伊斯兰教还禁止饮酒，所有的穆斯林都认为饮酒是不当行为，可他们却并未觉得饮酒可憎。相反，穆斯林对猪这种"不洁动物"之肉体的厌恶带有一种独特的性质，类似于一种本能的嫌恶；他们持有的那种"不洁"观念似乎一旦彻底地深入到了情操当中，就始终都会激起他们的强烈反感，即便那些很难说严格地保持着洁净的个人习惯的穆斯林也是如此。印度教教徒心中对宗教不洁之举怀有强烈的厌憎之情，就是一个显著的例子，说明了这种本能的嫌恶感。现在不妨想象一下，有一个民族，主要由穆斯林组成，其中绝大多数人都坚持不让国内之人食用猪肉。在穆斯林国家里，这一点根本就没有什么稀奇的[4]。这算不算是公众舆论在合法地行使其道德权力呢？如果不是，又为何不是呢？食用猪肉的做法，的确会让这样的公众觉得厌恶。他们还真心实意地认为，神灵是禁止和憎恶这种做法的。我们也不能指责说，这种禁忌就是宗教迫害。虽说这种禁忌刚刚出现时可能带有宗教性质，但它不会变成宗教迫害，因为没有哪个人信奉的宗教规定其信徒必须食用猪肉。若要谴责这种禁忌，唯一站得住脚的理由就是：公众无权去干涉个人的品味和个人的自我关涉事务。

再举几个离我国较近的例子。绝大多数西班牙人都认为，用罗马天主教（Roman Catholic）以外的任何宗教形式去礼拜至高之上帝（the Supreme Being），都是一种大不敬和最严重地亵渎上帝的行径；因此，在西班牙境内，其他任何一种公开礼拜上帝的方式都是不合法的。所有的南欧人都认为，已婚的神父非但不虔敬，还淫荡、下流、粗俗和令人作呕。新教徒又会如何来看待这些极其真挚的感受，又会如何看待他们企图强制实行这些观点，来对抗非天主教徒的做法呢？然而，如果在一些不涉及他人利益的事情上，人类有正当的理由去干预彼此的自由，我们又可以根据什么样的原则，始终一贯地去拒斥这些情况呢？对于人们渴望制止他们觉得属于人神共愤之事的那种心态，谁又能加以指责呢？在禁止任何一种被人们视为个人不端的行为时最有力的理由，莫过于那些将其看成亵渎神灵的人压制这些做法时给出的理由；除非我们愿意接受迫害者的逻辑，说我们可以因自己的观点正确而去迫害他人，说他人因观点错误而不准来迫害我们，否则的话，我们就须小心，不能承认这样的一条原则。因为若是将这种原则应用到自己身上，我们就会认为那是一种严重的不公正做法，会感到愤愤不平。

前文中所举的例子，可能会遭到很不合理的反对，说它们都源自我们当中那些不可能出现的偶然情况；因为在我国，公众舆论既不太可能禁止人们食用肉类，或者去干涉人们的礼拜方式，也不太可能对人们按照自己的信仰与性格倾向决定结婚与否加以干涉。然而接下来所举的这个例子，却的确源自对自由的一种干涉，而我们也根本不可能排除这种干涉带来的所有危险。不管哪里，凡是清教徒势力足够强大的地方，比如新英格兰地区[5]以及共和国时期[6]的英国，他们都已竭力取缔了所有的公共娱乐活动和几乎所有的私人娱乐活动，并且极其成功地做到了这一点，尤其是取缔了音乐、舞蹈、公开赌博或者其他以娱乐为目的的聚会，还有戏剧。如今，我国仍有许多人持有的道德观与宗教观，都对这些娱乐活动持谴责态度；那些人主要属于中产阶级，势力在我国目前的社会和政治形势中占主导地位，因此，怀这些情绪的人某个时候在议会中占有多数席位，并非绝对不可能之事。那么，若是获得准许的话，其余的社会阶层会不会喜欢受到态度更加严厉的加尔文教徒与卫理公会[7]教徒监管的那些消遣活动呢？他们会不会怀有相当断然的态度，希望这些喜欢干涉他人、宗教上极其虔诚的社会成员不要多管闲事呢？一个政府和一国的公众，若是妄称没人应当享受任何一种他们认为不道德的快乐，我们就完全应该对他们问一问这句话。不过，若是这种妄言所循之原则得到认可，对于大多数人或者国内其他主导力量按照这一原则采取行动的做法，就无人能够提出合理的反对意见了；一种与之类似的宗教，若要像我们经常看到的、那些据说正在日益没落的宗教一样成功地反败为胜，那么所有的人就必须做好准备，遵守新英格兰地区早期殖民者心目中那种"基督教共和国"的理念。

我们不妨再想想另一种偶然性，它或许比刚刚提到的那种情况更有可能变成现实。大家都公认，现代世界存在一种强大的、朝着一个民主的宪政社会发展的趋势；不管有没有与之配套的民选政治制度，都是如此。人们断言，在这种趋势最彻底地变成了现实、社会与政府也最为民主的美国，绝大多数人都觉得，出现任何一种他们无望匹敌的、更加浮夸或更加奢华的生活方式，都会令他们感到不快，故他们这种感受相当有效地发挥着一种"禁奢律"的作用；而在美国的许多地方，一个拥有丰厚收入的人，也是很难找到一种不会招致公众谴责的奢侈消费方式的。尽管这些描述现实情况的说法无疑都是夸大其词，可它们描述的事实非但可以想见和有可能出现，也是民主情操结合了一种观念之后，很有可能导致的一种结果；那种观念就是：公众有权否决个人对自己所获收入的消费方式。我们只须进一步设想一下，社会主义者所持的观点广泛传播之后的情形就可以了：一个人若是拥有超过总额极其微薄的财产，或者获得了并非由体力劳动所得的任何收入，那么在绝大多数人的眼中，此人就有可能变得恶名昭著。有些观点遵循的原则与此相同，已经在工匠阶层中普遍盛行开来，沉重地压在那些服从该阶层主要观点的人，即该阶层成员的身上。众所周知的是，在许多行业部门当中，绝大多数工人都技艺不精；他们断然认为，技艺不精的工人应当获得与优秀工人同等的薪资，并且不应当允许任何人通过计件或者其他的方式，凭借高超的技能或辛勤劳作，获得比既无高超技能也不勤奋的人更多的收入。他们还会利用一种道德力量（有时，这种道德力量也会变成一种有形的力量），阻止技术熟练的工人凭借更为有益的工作获得更高的报酬，阻止雇主向这些熟练工支付更高的报酬。如果说公众有权插手私人事务，那么我既看不出这些人的做法有什么错，也看不出任何一个人所属的特定公众像一般公众对待一般的人们那样，施展同一种权力去干预他的个人行为有什么错。

但是，假如不去深思那些假设的情形，我们就会看出，在如今这个时代，的确存在一些恶劣地剥夺私人生活自由的做法，而一些更加严重的行径，也有成功地蔓延开来的可能性。人们还提出了一些观点，坚称公众拥有无限的权力，非但可以制定法律，查禁他们认为不对的所有事物，而且为了对付他们认为不对的东西，还可以禁绝他们原本承认清白无害的任何事物。

比如说，在预防酗酒的名义下，法律一直禁止英属殖民地和差不多半个美国的民众使用任何一种发酵饮料，只有出于医疗目的才可使用；此种禁令的意图就在于，禁止销售发酵饮料，实际上就是禁止人们使用发酵饮料。尽管由于无法实际执行下去，因而原本通过了该法的数个州已经将其废止，其中还包括该法以之为名的那个州[8]，可我国还是有许多所谓的慈善家，开始带着满腔的热情煽动人们，企图在我国也制定一条类似的法令。出于这一目的，他们还成立了一个协会，自称"同盟"。其干事与一位公众人物之间往来信件的内容公开之后，这个同盟就变得声名狼藉了；这位公众人物，也是英国寥寥几位认为政治家应当以某些原则为基础来形成自身观点的人物之一。有些人很清楚，斯坦利勋爵 [9] 在公开场合表现出了一些极其罕见的素质，可惜的是，政治人物身上很少有这些品质；因此他们估计，此人在通信中的作用会强化人们业已寄托于他身上的种种厚望。这个同盟的发言人曾称，他"强烈谴责承认任何一种可以为偏执和迫害辩护的原则"，如今他还承诺，要指出将这些原则与禁酒协会遵循的原则区别开来的那道"宽阔而不可逾越之界线"。此人说："在我看来，一切与思想、观点和良心有关的问题，都不属于法律管辖的范围；一切与社会行为、习惯和关系有关的问题，都位于法律管辖的范围之内，只受属于政府本身的一种自由裁量权管辖，而个人并不具有这种自由裁量权。"他并未提及第三类问题，即不同于上述两类，并且不具社会性，而是属于个人的那些行为与习惯；饮用发酵酒类的行为，无疑就属于这一类。然而，售卖发酵酒类却属于一种交易，可交易却是一种社会行为。不过，人们埋怨的并非是禁酒令侵犯了卖方的自由，而是侵犯了买方和消费者的自由，因为政府不但可以禁止消费者饮酒，而且可以有意地让消费者买不到酒。然而，那位干事却说："身为一位公民，只要我的社会权利受到另一公民之社会行为的侵犯，我就有权通过立法来保护自己的权利。"现在，我们就来看一看此人对于这些"社会行为"所下的定义吧。"要说有什么事情会侵犯我的社会权利，无疑就是非法买卖酒类了。它会不断导致和刺激社会失范，从而破坏了我的基本安全权。它会通过创造贫困者来获利，而我却得交税去养活那些贫困者，因而侵犯了我的平等权。它会让我的发展道路陷入四面都是危险的境遇，会削弱整个社会的实力，让社会变得堕落，而我原本却有权从社会获得互帮互助、与他人交往的权利，因而妨碍了我培养自由道德和智力发展的权利。"以前与这种"社会权利"理论类似的论调，很可能从未得到过如此明确的表述。这种理论无非就是表明，要求其他任何人在各个方面都做到彻底地中规中矩，是每一个人拥有的绝对社会权利；不论是谁，只要稍有疏忽，就是侵犯了我的社会权利，而我就有权要求立法机关彻底消除这种让我感到不满的现象。如此荒谬的一条原则，远比任何一种侵犯自由的单一行为更加危险，因为据此原则，一切侵犯自由的行径都有了正当的理由；它不承认我们拥有任何一种自由权利，或许只允许我们在内心秘密地持有某些观点，却不能将它们公之于众，原因就在于，一旦我认为有害的观点从任何一个人的嘴里说出来，那就是侵犯了该"同盟"赋予我的所有"社会权利"。这种理论认为，全人类对于彼此的道德、智力乃至身体上的完美，都享有一种既定利益；只不过，这种利益却是由每个权利人根据自己的标准来确定的。

还有一个非法干预个人合法自由的重要例子，它不只是有可能出现，而是早已取得了显著的效果；这个例子，就是立法规定守安息日。毫无疑问，只要生活上没有其他的迫切需要，那么每周留出一天，让人们不用从事日常工作（只是除了犹太人以外，这种规定对其他人并无宗教约束力），原本是一种极其有益的习俗。而且，若是劳动阶层普遍都不认可这样一种有益的效果，人们就不可能普遍地去遵从这一习俗；因此，倘若有些人可以通过工作来强制实行，让他人认识到遵从这种习俗的必要性，那么制定法律来向每一个人确保，其他人都会遵从这一习俗在特定的某一天会停止大规模的行业生产，既是允许的一种做法，也是一种恰当的做法。不过，这种立法的理由，是建立在每一个人遵从这种习俗的行为都与他人的直接利益息息相关的基础之上，因而并不适用于一个人可能认为适于自己利用闲暇时间去从事的自选职业；而据此用法律手段来限制娱乐活动的做法也是站不住脚的，哪怕稍加限制，也是如此。诚然，某些人享受到的娱乐消遣，是由其他人的日常工作提供的；但给大众带来快乐，完全值得少数人去付出辛勤的劳动，更不用说为大众提供那些有所裨益的娱乐活动了。当然，前提是后者自由地选择了自己的职业，并且可以自由地放弃这种职业。工人们都完全正确地认为，若是所有的人在星期日里都工作，那么他们工作七天，就只能得到六天的薪水，可若是各行各业都停工一天，而少数为他人提供娱乐休闲的人仍然必须工作的话，他们获得的收入就会相应地有所增长；而且，若是那一小部分人也想休闲娱乐，而不那么想挣钱的话，他们就没有必要去从事那些工作。若想找到进一步的解决办法，我们还可以按照习俗，在一周中另行规定一天，给这些特定阶层的人设为假日。因此，唯一可以替限制人们在周日娱乐休闲这一做法辩解的理由，必然就是：从宗教信仰来看，那些娱乐活动是错误的。而这种立法动机，人们永远都是无法太过坚决地去加以反对的。

"获罪于神，必将纠之。"[10]可我们尚需证明的是，社会及其各级官吏都负有一种由上苍赋予的使命，对任何一种冒犯全能之上帝的假定罪行加以报复，哪怕这种所谓的"冒犯"对人类而言并非一种恶行。认为一个人有义务去确保另一个人在宗教上虔信笃行的观念，正是导致人们曾经犯下了所有宗教迫害罪行的根源；承认这种观念，完全就是证明这些恶行都有正当的理由。尽管人们不断地干出试图阻止火车在星期日开动、抵制博物馆在星期日开放以及诸如此类的事情，而他们在这些情况下爆发出来的强烈情绪，也没有带着昔日宗教迫害者的那种残暴，可他们暴露出来的心态，却并无二致。这是一种决心：迫害者所奉宗教信仰不允许去做的事情，就算别人信仰的宗教允许，也决计不准别人去做。这也是一种信念：上帝不但痛恨异教徒的行为，而我们若是任由异教徒为所欲为的话，上帝还会认为我们有罪。

除去这些说明了人们普遍轻视人类自由的例子，我还必须补充指出一点：在我国，不管什么时候，只要是人们觉得有必要对摩门教[11]这种非比寻常的现象加以警惕，报刊上就会突然出现大量露骨的迫害性言论。摩门教是以一种所谓的新启示为基础而创建起来的宗教，明显是欺骗手段的产物，连其创始人种种非凡的品质和赫赫威望也证明不了什么，却非但有成千上万的民众去信奉，而且在已经有了报纸、铁路和的电报的这个时代，还人为地变成了社会的基础；对于这样一个匪夷所思和颇具启发性的事实，人们可以去探究的方面很多。不过，我们在此关注的，却是下述几个方面：这种宗教与其他那些较为完善的宗教一样，也有自己的殉道者；这种宗教所奉的先知兼创建者，因为宣传教义而被一群暴民处死了；还有许多的信徒，也因同一种无法无天的暴力行为而丢掉了性命；他们整体上被强行逐出了该教派最初发展起来的那个国家；同时，尽管如今他们都被赶到了荒漠当中的一个偏僻角落里，可我国还是有许多人公然宣称，派遣一支远征军去对付他们（只是不太方便罢了），用武力强迫他们遵从其他人的观点是完全正当的做法。摩门教的教义当中，有一条还打破了宗教宽容政策的底线，超出了其一般性限制的范围，因而成了引发人们反感的主要原因；这条教义，就是认可一夫多妻制。尽管穆斯林、印度教教徒和中国人都允许一夫多妻，可若是说着英语、自称基督教徒的人也这样做，似乎就会在人们心中激起一种难以遏制的恨意。对于摩门教的这种制度，我的谴责态度比其他任何一人都要更加强烈；之所以如此，除了其他原因，也是因为这种制度完全不为自由原则所支持，反而直接违背了自由原则，纯粹是将锁链牢牢地束缚在那个社群中的一半人身上，却让另一半人摆脱了他们对前一半人应尽的互利义务。然而，我们必须牢记，在这种一夫多妻关系中，相关女性在很大程度上都是自愿的，就像其他任何一种婚姻制度中的女性一样，只是人们可能会把她们看成是此种制度的受害者罢了；无论这一事实看上去多么令人感到震惊，其根源都在于世间那些常见的观念与习俗，因为它们都教导女性，使之把婚姻看成她们唯一必需的事情，让许多女性宁愿多女共侍一夫，也不愿一辈子不嫁人。这种宗教既未要求其他国家也承认这种婚姻，也未要求其他国家的一部分居民去信奉其观点，而不受到本国法律的制约。不过，当这些异教徒在他人的敌对情绪面前让了步，并且远远超过了正当情况下要求的让步限度，当他们离开无法容忍其教义的国家，在世间的偏远一隅安下了身，率先使得那里成了适合人类居住的地方之后，只要他们不去侵略其他国家，并且允许那些对他们的做法感到不满的人可以完全自由地离开，那么我们就很难看出，除了专制暴政，我们还能根据什么原则，不让他们遵照自己喜欢的法律制度，在那里安然地生活下去。最近，有位在某些方面颇有建树的作家提出了一种观点；用他自己的话来说就是，对于这个实行一夫多妻制度的群体，我们需要的不是一场征伐，而是一场教化运动，才能结束这种在他看来属于文明的倒退的做法。虽说我赞同这种观点，但我也很清楚，任何一个群体都没有权力去强迫另一个群体变得文明起来。只要这种恶法的受害者不主动向其他群体求助，我就无法认可一些与他们毫无关系的人应当去干预，并且要求终结当地那种局面的观点；对于那种局面，所有的直接相关者似乎都感到满意，而人们之所以要求终结这种局面，仅仅是因为在相距数千英里以外、与之八竿子都打不着的人看来，那是一桩丑闻。若是有人愿意，我们倒是可以任由持这种观点的人派出传教士前去布道，号召那里的民众反对这种制度，并且任由前者利用一切公平手段（其中不包括禁止摩门教教士传道），阻止类似的教义在本国民众当中扩散蔓延。若是在世界远未开化之时文明都战胜了野蛮，那么，在野蛮已被文明完全击垮之后，还有人宣称自己担心野蛮会卷土重来并且战胜文明，那就是太过危言耸听了。一种文明，若是能够如此轻易地在其早已征服的敌人面前败下阵来，那么它首先必须变得极其堕落，以至于无论是指定的牧师、教士还是其他任何人，都没有能力或者不愿费心去捍卫这种文明。果真如此的话，这样的文明越早败退，就越有好处。因为这样的文明只会变得日益腐朽堕落，最终（像西罗马帝国那样）被活力十足的野蛮民族彻底消灭，并且涅槃重生。

# 论自由原则之应用

一个政府，若是为了让民众变成其手中更加温驯的工具而阻碍民众的发展，它就会发现：依靠卑微渺小者，是无法真正成就任何宏图大业的。

本书当中所主张的原则，必须得到人们更加广泛的认可，并且只有以之为基础，细致深入地讨论之后，才能一致地应用到政府的各个部门和道德规范的各个领域中去，也才有可能获得相应的益处。我即将对细节问题进行的几项评述，旨在举例说明这些原则，而非遵循这些原则来阐述它们导致的结果。我提供的，与其说是这些原则的应用之法，还不如说是应用这些原则的范例；它们起到的作用，就是更加清晰地阐明共同构成本书整体理论的那两大原则的意义与局限，帮助我们在让这两条原则保持平衡的过程中，在我们似乎难以决定哪条原则适用于当时的情况之时，作出判断。

这两大原则中的第一条，就是：个人的行为如果只关乎自身而不涉及他人，那么个人就无需为自己的行为来对整个社会负责。如果别人出于自身的利益而认为有此必要，那么向一个人提出建议、作出指导、进行劝说和退避三舍，就是社会表达出对此人行为的厌恶或者谴责时，能够正当地运用的几种手段。第二条原则就是，个人应当对自身做损害他人利益的行为负责，并且，社会若是觉得为了保护其利益而必须用某种形式加以惩处的话，此人就有可能受到社会惩罚或者法律惩罚。

首先，虽说仅凭损害了或者极有可能损害他人利益这一点，社会就有正当的理由来干预这种行为，但我们绝对不能因此而认为，这种干预始终都是正当合理的。许多情况下，一个人在追求合法目标的过程中，必然且因之而会合法地给别人带来痛苦、损失，或者让别人无法获得原本有望到手的某种利益。个人之间的这种利益冲突，通常都由不良的社会制度导致，可只要那些不良的制度存续下去，此种对立就是不可避免的；还有一些利益冲突，则是在任何一种社会制度之下都无法避免。不论是谁，倘若在一种人满为患的职业中，或者在一场竞争激烈的考试中成功地脱颖而出，不论是谁，倘若在双方都渴望获得同一目标的竞争当中胜过对方，就都是从别人的失败、化为了泡影的努力以及大失所望中获益。但是，世人都公认，人们在追求自己的目标时，不应当为这样的后果所阻，因为这样做对人类的整体利益更加有利。换言之就是，社会不会赋予那些在竞争中受挫的人以任何法律权利或者道德权利，使之不去承受这种磨难；只有在获胜者使用了违背人类整体利益的手段，即利用了欺诈、背信弃义和武力等手段时，社会才会认为有必要去干预。

再则，交易是一种社会行为。不论是谁，只要向公众出售任何一种商品，其所作所为就会影响他人和整个社会的利益；如此来看，这种人的行为原则上就处于社会的管辖范围之内。所以，世人曾认为，在人们觉得重要的所有情况下，制定商品的价格和规范商品的生产过程，都是政府的职责。但是，人们现在已经认识到，只有让生产者与销售商获得完全的自由，他们才能最为有效地提供物美价廉的商品；他们唯一受到的制约，应是购买者享有同样的自由，可以到别处去购买商品。当然，人们是经过了漫长的斗争之后，才认识到这一点。这就是所谓的"自由贸易"（Free Trade）理论；它所依据的基础虽说不同于本书主张的个人自由原则，但同样坚实可靠。对贸易和为了贸易而进行的生产所实施的种种限制，都是实实在在的限制；但所有的限制，即一切限制，都属于弊端。不过，我们讨论的那些限制措施，只会对社会能够去加以约束的那一部分行为产生影响；我们之所以说它们不对，完全是因为那些限制措施并未真正发挥出符合社会期待的结果。由于个人自由原则并未包含在"自由贸易"理论当中，因此它与这一理论的局限性所导致的种种问题也无关。比如，为了防止商家用掺假的方式来欺诈，我们可以对商家采取多大程度的公共管控；再如，我们应当采取多大的力度去强制雇主制定卫生预防措施，以保护从事危险工作的员工。这些问题，只有在其他条件不变的情况下 [1]，让人们自行其是始终比管控他们更为有利的时候，才会涉及自由方面的考量；但原则上不可否认的是，他们也有可能因为这些目的而受到合法的管控。而另一方面，有些问题虽然本质上属于自由方面的问题，却与干涉贸易有关，比如前文中业已提及的缅因州禁酒令、禁止向中国输入鸦片、限制销售有毒物品，等等；总而言之，就是旨在让人们不可能或者难以获得某种特定商品而干涉的所有情况。这些干涉措施之所以令人反感，不是因为它们侵犯了生产商或者销售商的自由，而是因为它们侵犯了购买者的自由。

上述例子当中，销售有毒物品一例还会引发一个新的问题，它涉及两个方面：所谓"管辖职权"的正当界限是什么？为了预防犯罪或者意外事故，自由可以受到多大程度的合法侵犯？在犯罪行为发生之前采取预防措施、在犯罪行为发生之后查明情况和惩处，是政府一项无可争议的职能。然而，政府的预防职能比其惩处职能更加容易被人滥用，从而危及到自由；因为在一个人合法的行动自由当中，几乎所有的组成部分都有可能且很有可能被人说成是为某种犯罪行为提供了更多的便利条件。尽管如此，倘若政府当局看到有人显然正在准备实施犯罪，甚至是某一个人看到了这种情况，他们肯定不应袖手旁观，直到罪行既遂才去采取行动，而是可以主动干预，阻止犯罪行为的发生。倘若人们购买或使用有毒物品的目的只是为了谋害他人，那么禁止生产和销售有毒物品，就是正确的做法。然而，人们购买或使用有毒物品的目的不但有可能完全清白无辜，还会有所益处，因此，我们不能在前一种情况下实施限制，却不对后一种情况采取行动。同样，预防意外事故也是政府当局的一项正当职能。如果一名公职人员或者其他任何一个人看到，有人准备经过一条业已确认的危桥，却来不及提醒此人注意危险，那么他们就可以一把抓住此人并将他拉回来，而不会真正侵犯到此人的自由；因为所谓的自由，就在于做一个人想做的事情，可此人显然并不会希望掉到河里去。尽管如此，倘若没有确切的把握，而是只有造成伤害的危险，那么除了当事者本人，对于可能促使当事者去承担这种风险的动机究竟有多充分这一点，其他任何人都是无法作出准确判断的；因此，在这种情况下，我认为只需提醒当事者注意此种危险就行了，除非当事者是一名儿童，是神志不清、处在某种亢奋状态或者完全沉迷于某件事情而无法同时充分运用自己的反应能力，否则的话，我们就不能去采取强制手段，使之免遭这种危险。将类似的考虑因素应用到销售有毒物品这种问题上，或许就会让我们能够判断出，在所有可能采取的监管模式当中，哪些会违反自由原则，哪些又不会违反自由原则。比如，给药品贴上标签、注明其危险性质这样的预防措施，就可以强制实施，而不会侵犯个人的自由，因为购买者不可能不想知道自己购买的东西具有毒性。不过，要求所有情况下都有医生开具的证明，会让人们有时不可能获得用于合法目的的药品；而就算他们能够获得，价钱必定也会极其昂贵。在我看来，显然只有一种方式，既可以给那些利用有毒物品来实施违法犯罪行径的人设置重重障碍，又不会给那些出于其他目的而希望获得有毒物品的人的自由造成什么重大的侵犯。这种方式，用边沁[2]那种恰如其分的表达来说，就是提供所谓的"预定证据"（preappointed evidence）。凡是签过合同的人，都很熟悉这一规定。订立合同时，法律会要求双方遵守某些正规手续，将它们当成履行合同的前提条件，比如签名、证人见证等，以便日后出现纠纷时，有证据证明该合同确已签订，在当时的情况下并无可令合同失去法律效力的因素。这种做法，既很常见，也很正确；而其达到的效果，就是设置巨大的障碍，防止出现虚假合同，或者在明知合同会无效的情况下仍然签订合同。对于可用作犯罪工具之商品的销售，我们可以采取类似的防患措施。例如，可以要求卖家登记交易的准确时间、买家的姓名住址、所售商品的确切性质与数量；可以要求卖家询问买家购买此种商品的目的，并且将买家的回答记录在案。若是买家没有提供医疗处方，卖家可以要求有第三人在场，并向买家说明事实，以防日后落下有人说该商品被买家用去违法犯罪的口实。一般说来，这样的监管措施不会对人们购买该商品构成实质性的障碍，只会让那些居心叵测、企图偷偷摸摸地不当使用这种东西的人极难如愿而已。

社会有为阻止犯罪采取预先防范措施的固有权利，就说明了个人自由原则那种明显的界限，即对于纯属自我关涉的不当行为，用预防措施或者惩罚手段去干涉的做法并不正确。例如，一般情况下的醉酒，不适合用法律手段去干预。不过，对于下面这种情况进行法律干预，我却认为是完全合法的：若是某人曾经因醉酒之后对他人实施过暴力行为而被定了罪，那就应当对此人实施特殊的法律限制措施；日后发现再醉酒的话，此人就应受到惩处，而若是在醉酒状态下又犯下了罪行，那么此人就该罪加一等，受到的惩处力度应当更加严厉才是。一个醉酒后会伤害他人的人倘若将自己灌醉，那就相当于对他人实施犯罪。同理，对于懒散者，除非此人获得了公众的救济，除非是此人因为懒散而违反了合同，否则的话，对其进行法律惩处就是一种专横暴虐的做法；但是，一个人若是由于懒散或者其他任何一种可以避免的原因而未能履行他对别人负有的法定义务，比如养育自己的孩子，那么用强制劳动（要是没有别的手段可用的话）迫使此人去履行这种义务，就不算是专横暴虐了。

此外，还有很多的行为只会直接危及行为人本身，因而不应当为法律所禁止；不过，倘若有人公开实施这种行为，那就属于粗俗无礼，从而可以归入冒犯他人的范畴，可以正当地加以禁止了。这种行为都属于违背公序良俗的行径，但我们无需深入加以讨论，因为它们与我们论述的主题只有间接的关联；何况，还有许多行为本身并不应当受到谴责，而我们也认为那些行为不应受到谴责，可人们反对宣扬这种行为的态度依然很坚定。

还有一个符合本文业已确定之两大原则的问题，我们也必须加以回答。这个问题就是：在有些情况下，个人的行为虽说理当受到谴责，但出于对个人自由的尊重，社会却无法去加以事前预防或者事后惩处，因为此种行为的直接恶果完全是落在行为人自己的身上；那么，在这样的情况下，对于行为人能够自由去做的那些事情，其他人能否同样自由地提出建议或者怂恿呢？这个问题，并不容易回答。一个人要求别人去实施某种行为的做法，严格说来并不是一种自我关涉行为。对任何一个人提出建议或者诱导，都是一种社会行为，故与影响他人的一般性行为无异，理当服从社会的管控。可稍微细想一下，就会表明下述情况，从而纠正我们的第一印象：就算这种情况并非严格地符合个人自由的定义，但个人自由原则所依据的那些理由，也依然适用。如果说，社会必须允许人们在只涉及自身的所有事情上都能按照他们认为最好的方式行事且后果自负，那么，他们也须具有同样的自由，对哪些事情适于这样去干的问题相互商量，必须能够同样自由地去交换意见、提出和接受建议。凡是允许人们去做的事情，也须允许人们建议他人去做。只有当怂恿者可以从其提出的意见当中获取个人利益时，这个问题才会引发疑义；比如说怂恿者以此为业，为了生计或者为了获取经济利益而对社会和政府视为恶行的事情加以宣传的时候，就是如此。那样的话，确实就会出现一种新的因素，将这个问题复杂化；这个新的因素就是，社会上存在种种与公众福祉相对立的利益阶层，他们的生活方式建立在对抗公众福祉的基础之上。那么，社会又该不该干预这一阶层的行为呢？比如说，社会必须容忍通奸行为，也须容忍赌博恶习；但是，一个人又该不该具有当皮条客或者开设赌场的自由呢？这个问题，属于恰好处在两大原则分界线上的情形之一；乍一看去，我们显然是无法搞清它理当归入哪条原则的。赞成容忍与反对容忍的双方，都各执一词、有理有据。赞成容忍的一方可以说，从事某种职业并且以此为生或者从中谋利，并不能让原本为社会所容许的一个人变成罪犯；这种行为，要么应当一贯允许，要么就应当一贯禁止。如果我们此前所捍卫的个人自由原则是正确的，那么社会之作为社会，就无权断定任何只涉及个人的事情是错误的；社会只能劝阻，而一个人应当拥有说服他人去做某件事情的自由，而他人也应当拥有劝阻的自由。与之相对、反对容忍的一方则可以主张，尽管公众或政府出于压制或惩处的目的，无法保证对那些只会影响个人利益之事的好坏做出权威的判断，但是，倘若认为此事不好，它们就有完全正当的理由，假定此事的好坏起码也是一个存有争议的问题。做出此种假设之后，在努力排除利益相关者的教唆，排除不可能做到不偏不倚的怂恿者带来的影响时，公众或政府就不可能采取错误的行动了；怂恿者在问题的一方有着直接的个人利益，他们支持的是政府认为错误的那一方，并且只是出于个人目的而公开宣扬这种错误。有人可能会极力主张说，如此来规范事物，无疑既不可能有什么损失，也不会牺牲利益：不管一个人是明智还是愚蠢，他们都应当在自身的鼓励之下作出选择，尽可能地不让那些带有个人利益和目的的人耍手段，来刺激他们的种种倾向。如此一来（有人可能说），尽管非法赌博方面的法律法规完全站不住脚，尽管所有人都应能自由地在自家或各人的家里赌博，或者在他们自己出资建立、只对其中的成员和访客开放的任何一个聚会场所赌博，但我们却不该允许公开的赌场存在。诚然，这种禁令从未起到过作用，而且不管赋予警方多大的专断权力，赌场总能以其他的借口继续经营下去；不过，它们可能会被迫在一定的秘密状态下经营，故除了刻意去打探，否则就没人了解它们的情况，而社会希望达到的目的，应当也不过如此。这些论点，都相当有力。我可不敢断言，它们是否足以证明下述道义上的反常做法具有正当的理由：惩处从犯，而允许（且必须允许）主犯逍遥法外；受到罚款或监禁处罚的是皮条客而不是通奸者，是赌场经营者而非赌客。根据类似的理由，对于买卖双方的一般性经营行为，我们就更不应当去干涉。几乎每一种被买卖的商品，人们都有可能使用过量，卖家在经济利益的驱使下，也会鼓励这种过量使用的做法；但是，没有哪种论点能够以此为基础，来支持像缅因州禁酒令这样的干预举措，因为酒类销售商虽说在人们酗酒方面有利可图，但社会必然会要求他们确保酒类的使用是合法的。然而，这些销售商乐于怂恿人们酗酒的做法，却是一种真正的恶行，故政府有正当的理由强制实施约束，要求酒类销售商提供担保；若非出于此种正当理由，政府的这些措施，就是侵犯了销售商的合法自由。

还有一个问题就是：有些事情，政府会认为不符合行为人的最佳利益，对于这些事情，政府虽说允许，但又是否应当间接地阻止呢？例如，政府是否应当采取措施，让酗酒者付出更高的代价，或者通过限制酒类销售点的数量，来增加人们购买酒类的难度？对于这个问题以及其他绝大多数现实性问题，我们必须多方面的区分才行。仅仅为了让人们更难购买到酒类而对酒类采取课税这样一种措施，与完全禁止购买酒类只有程度上的区别，故只有在拥有正当理由去征税的情况下，才是正当合理的。对于那些囊中羞涩、收入赶不上价格涨幅的人而言，每次涨价其实都相当于一道禁令；而对于那些承受得起价格上涨的人来说，涨价也是对他们具有这种特殊爱好而实施的一种惩罚。其实，履行了各自对政府和个人应尽的法律和道德义务之后，他们对娱乐休闲的选择、他们对自身收入的支配方式，就都是各人自己的问题，必须由各人自己去作出决断。乍一看去，这些方面的考虑似乎是在谴责政府为增加税收而把酒类定为特殊课税对象的做法。但我们必须记住，政府为了财政而征税是绝对不可避免的；在绝大多数国家，此类税收中的大部分都必须属于间接税，因此政府不得不对使用某些消费品的行为处以罚金，而对于有些人来说，这种罚金可能就成了禁令。因此，课税时考虑到消费者最好能够不买哪些商品，就是政府的职责；更加重要的是[3]，政府必须优先选定它认为用量一旦超过了某种适度的数量，就一定会产生有害作用的那些商品。因此，对酒类征税，直至获得最大财政收入的程度（假定政府需要酒类带来的全部税收），这种做法非但可以接受，而且是值得支持的。

至于将这些商品的销售变成一种程度或大或小的专属特权的问题，则需要根据限制措施旨在达到的目的，来给出不同的回答。所有公共场所都需要警力来约束，而这类商品销售场所尤其如此，因为这些地方最容易孳生出针对社会的违法犯罪活动。所以，合适的做法就是：只将销售这些商品（至少也是供当场消费的商品）的权力，赋予那些众所周知或者有人担保的、行为可敬的人；还要制定规章制度，规定开门营业与关门打烊的时间，因为这是接受公众监督的必备条件，而若是由于店主的纵容或无能，导致那里反复发生妨害治安的案件，如果那里成了不法分子密谋和准备违法犯罪的据点，就应当撤销此店的营业执照。我认为，实施其他更多的限制措施，原则上来看都是没有正当理由的。例如，限制啤酒店和烈酒店的数量的做法带有明确的目的，那就是给人们前往这些商店消费增加难度，并且减少这些地方对人们产生诱惑的可能性；这种措施，非但是仅仅因为某些人会滥用这些地方，就给所有的人带来不便，而且只适用于一种特定的社会状态：在这种社会状态下，工人阶层被公然地当成儿童和野蛮人对待，并且受到一种具有约束性的教育，好让他们将来可以享受到种种自由之特权。不过，从表面来看，任何一个自由国家都不是按照这种原则来统治工人阶层的；也没有哪一个真正重视自由的人，会支持工人阶层受到这样的统治，除非是国家已经竭尽所能地教育他们追求自由，并且把他们当成自由之人来进行管治，可结果却明确无误地表明，他们只能被当成儿童去加以统治。对后一种情况的描述既是一种赤裸裸的说法，也说明了这种假设的荒谬性：即假设在此处需要加以考虑的任何情况下，政府都作出了上述努力。只是由于我国的各种制度中充斥着大量的矛盾，原本属于专制制度或者所谓父权制政府的一些东西，才会进入我们的实践当中；而这些制度中的普遍自由，却让我们无法进行必要的管控，以至于无法让一种真正有效的约束变成一种道德教育。

本书前文中曾经指出，只涉及私事的个人自由，意味着人们在任何数量的个体当中，都拥有一种相应的自由，能够通过共同协商，管控他们共同关心且只涉及自身而不涉及他人的事情。只要所有关涉之人的意愿保持不变，这个问题就不难解决；可正是由于人们的意愿可能有所改变，因此，即便是在一些只涉及自身的事情上，通常在彼此之间达成协议也很有必要，而待协议的确达成之后，按照一般规则来说，他们就该去遵守那些协议。然而，在每一个国家的法律当中，这种一般规则很可能都存在一些例外情况。人们非但不会被迫遵守那些侵犯了第三方的权利的协议，有时还会把协议有损于订约方的自身利益这一点当成充分的理由，撤销他们之间达成的协议。比如说，在我国和其他绝大多数文明国家里，一个人主动将自己或者允许自己被他人卖为奴隶的契约即是无效契约，而法律和舆论也无权去强制执行这种契约。如此限制这种人自愿处置其一生命运之权利的理由，既是显而易见的，而我们在这种极端情况下，也会清清楚楚地看出其中的缘故。除非是为了他人的利益，否则的话，不去干涉一个人的自愿行为的原因，乃在于尊重其自由。自愿作出的选择，就是证明此人作出了自己想要的选择，至少对此人而言也是可以忍受的；因此，允许此人用自己的方式去追求其选择，也会在整体上最佳地保障他的利益。可是，倘若将自己卖身为奴，此人就是放弃了他的自由；实施此种行为之后，他就放弃了未来运用个人自由的所有权利。所以，此人在这种情况下实际上就是违背了自己的本来目的；这一目的，原本是允许他处置自身的正当理由。他不再是自由之身；从那以后，此人的处境就不再具有他自愿继续留在这种处境当中时，原本会带来的那种假定优势。自由原则，不可能要求一个人自由地让自己失去自由。若是允许一个人失去自由，此人最终获得的，并不是自由。上述原因的力量，在这种特殊情况下表现得极其显著，它们明显具有更加广泛的应用范围；不过，基本生活需求却在方方面面都给它们设下了一种界限，并且持续不断地向我们提出要求：这种要求，实际上不是要我们彻底放弃自由，而是要我们认可自由两端的限制。然而，需要在所有只涉及行为人本身的行为中享有不受约束的自由的那条原则，却还要求在不涉及第三方之事上相互订立了契约的人，应当能够解除彼此之间的契约关系；甚至可以说，若是无法自愿解约，或许就不会有什么契约或者协议，只有与钱财或者钱财价值相关的契约或协议了，而对于后面这种契约，我们则可以大胆地说，双方根本就不该有什么反悔的自由。威廉·冯·洪堡男爵在我已经引用过的那篇非凡论文中曾称，他深信，涉及人际关系或者个人服务的契约，在超过一定的时限之后，就绝不应当再具有法律约束力。这些契约中最重要的一种，就是婚约；由于婚约具有一种独特性，即除非双方在婚姻中感情和睦、琴瑟和谐，否则的话，双方就实现不了结婚的目的，因此只要两人公开表示愿意，就任何一方都可以解除婚约。这个主题太过重要、太过复杂，不能附带论及；我在这里也只是出于例证目的所需，才稍加提及。若非洪堡男爵的论文简明扼要、概括性强，使得他在这个例子当中只需直接阐明结论而无需讨论其前提条件的话，他无疑就会认识到，这个问题并不能根据他限定的那些简单理由来做出决断。倘若一个人通过明确的承诺或者行为进行怂恿，让另一个人心怀他会继续按照某种方式行事的指望，即让他人产生期待与预期，并且将自己的人生计划全都押在这种假设之上，此人就对另一个人负有了一系列新的道德义务；他虽然可以拒绝承担，却不能无视这些道德义务。同样，如果双方之间的缔约关系对他人产生了影响，如果这种缔约关系让第三方陷入了某种特定的处境，或者甚至像婚姻一例中的情况那样导致产生了第三方，那么缔约双方对处于第三方的人就都负有了新的义务；原订约双方的关系究竟是持续还是中断，必定会严重地影响到这些义务的履行，或者影响到在所有情况下采取的履行方式。但这并不是说，上述义务始终应当延续下去，甚至达到这样的程度：为了不愿履行义务的一方的幸福，而要求其不惜任何代价地去履行契约；我也无法认同这一点。不过，这些义务属于整个问题当中的必要因素，并且，就算像冯·洪堡坚持认为的那样，它们不应当对订约双方解除契约的法律自由产生影响（我也认为，它们至少不应当造成很大的影响），必然也会对道德自由产生重大的影响。在决定采取有可能影响到他人这种重大利益的行动之前，一个人必须通盘考虑到这些情况；若是不能适当地重视那些利益，他就应当对所犯的错误承担道德责任。我之所以陈述这些浅显直白的观点，是为了更好地说明自由的一般原则，而并非是因为它们对婚姻这个具体问题不可或缺；恰恰相反，人们在讨论婚姻问题时，常常显得孩子的利益便是一切，而成年人的利益完全无关紧要似的。

我已经说过，由于缺乏公认的普遍原则，人们经常给原本不该赋予自由的方面赋予了自由，而在应该赋予的方面却拒绝赋予；在现代欧洲人们之自由情感最强烈的情况中，有一种在我看来，其中的自由却完全可谓是不得其所。在涉及自身的事情上，一个人应当能够自由地按自己喜欢的方式去行动；但是，他不能以别人的事就是他自己的事为借口，随心所欲地代表别人去行事。政府虽说尊重每个人在只涉及其自身之事上的自由，但也必须提高警惕，应对政府允许个人行使于他人身上的任何一种权力加以约束。就家庭关系而言，政府在其中担负的这一义务几乎被人们完全忽视了，可家庭关系却会直接影响人类的幸福，它的重要性超过了其他所有关系的总和。在这里，我们之所以不必详述家庭当中丈夫对妻子那种近乎专制的权力，非但是因为彻底根除这种恶行最需要的，莫过于让妻子也享有与其他所有人相同的权利，并且用相同的方式受到法律的保护，也是因为在这个问题上，捍卫既定不公做法的那些人并不会用自由来替自己辩解，而是会公然站出来拥护强权。正是在涉及儿童的情况下，误用自由观念才是妨害政府履行其职责的一种真正障碍。人们差不多都会认为，一个男人的子女理当是他的一部分（指真正的一部分，而不是比喻意义上的一部分），因此哪怕实施最轻微的法律干涉，动及他对子女的绝对、专享控制权，此人也会唯恐失去这种控制权；这种猜忌心理，几乎比法律干涉此人本身的行动自由还要严重，因为普通大众对自由的重视，其实远不如他们对权力的重视。例如，我们不妨想一想教育领域里的情况。政府应当要求并且强制每一个身为公民的人都接受教育，并且达到某种水平，难道不是一条几乎不言而喻的真理吗？然而，又有哪一个人会毫无畏惧之心地承认并且去维护这一真理呢？几乎没有人会真正否认，把孩子带到人世之后，对孩子进行适当的教育，使之能够在人生当中扮演好他们在别人面前和在自己面前的那种角色，是父母最神圣的职责之一（从如今的法律和惯例来看，这主要是父亲的职责）。不过，尽管世人都一致宣称教育是父亲的义务，可一听到要强迫他们去履行这种义务，我国几乎就没有人受得了呢。我国的教育是免费教育，可政府非但没有要求为人父者做出任何努力或者牺牲，来确保其孩子接受教育，相反还把孩子是否接受这种教育的选择权，留给了孩子的父亲！如今人们依然没有认识到，若是将一个孩子带入世间，却让孩子没有美好的前景，既无力提供食物养活其肉体，也无力去教育和训练其心智，那么，这种做法既是对不幸的孩子的一种道德犯罪，也是对整个社会的一种道德犯罪；倘若父母不去履行这一义务，那么政府应当让这种父母倾其所有，确保他们履行这一义务才是。

一旦强制实施普及教育的义务得到公认，关于政府应当教授什么知识、用什么样的方法去教授知识之类的难题，就会迎刃而解；如今，这种局面已将教育问题纯粹地变成了各个教派与党派彼此较量的一大战场，使得原本应当付诸教育上的时间与精力，全都浪费在对教育的论争之上了。若是愿意下定决心，规定每个孩子都应接受良好的教育，政府可能还会省下为社会提供教育的麻烦呢。政府可以把这种权力下放给父母：由他们在喜欢的地方和用喜欢的方式，让自己的孩子获得教育；政府本身只需提供帮助，为贫困家庭的孩子支付学费，为没有其他人来帮助支付学杂费用的孤儿支付所有费用就行了。那些有理有据地反对政府提供教育的观点，并不适用于政府强制实施教育的行为，而是适用于政府自行承担引导教育这一职责的行为；后者与前者，完全不是一码事。我和任何人一样，并不赞同政府应当掌控教育民众的全部或大部分权力这种观点。前文中业已论及的关于个性的重要性、观点与行为模式的多样性等所有内容，与教育的多样性一样，都具有同等不可言喻的重要性。政府主导的普及性教育，不过是谋求把民众塑造得彼此毫无二致的一种手段罢了；塑造民众所用的，是让政府中主导势力感到满意的那种"模具"，而不管这种主导势力是君主、教会、贵族阶层还是当代的绝大多数人。政府还会根据这种主导势力统治的有效程度与成功程度，确立起一种对民众心智的专制统治，再自然而然地导致对民众之肉体的专制统治。由政府确立和控制的教育就算确实存在的话，也只应当是作为众多具有竞争性的实验当中的一种才存在，而这些实验的目的，则是为了树立榜样、提供激励，以便让其他种类的教育也达到某种优秀之标准。事实上，除非整个社会处于一种极其落后的状态，使之无力或者不愿提供任何恰当的教育制度，除非政府承担起这种任务，否则的话，确实要到上述那种情况下，政府才会根据"两害相权取其轻"的原则，主动承担起兴建学校、大学的责任，就像国内没有能够承担产业重任的一种私有企业形式时，政府可能会设立和经营股份制企业一样。但一般来说，若是国内有数量充足的人才，可以在政府的主持之下提供教育，那么，这些人才同样能够且乐于根据自愿的原则，在由法律规定的义务教育提供薪资保障、加上政府向无力支付学费者提供帮助的条件下，向民众提供同等优质的教育。

实施义务教育法的有效手段，只能是公开考试，并且应当将这种考试覆盖到所有儿童，让他们很小的时候就开始参加。政府可以规定，所有孩子必须在几岁时参加考试，以确定他（或她）是否识字。倘若考试结果表明一个孩子不识字，那么孩子的父亲除非有充分的理由，否则的话就会被处以适度的罚款，必要时可采用以工代罚的方式，由其支付学费，送孩子去上学。这种考试应当每年举行一次，并且逐步扩大考查科目的范围，以便孩子们能够全面习得和记住某种最低水平的一般性知识，而这些一般性知识实际上都是他们必修的知识。超过这种最低水平之后，我们还应当设立自愿参加的各科考试；所有达到了某种学识标准的考生，都可以申请水平证书。为了防范政府通过这些安排对舆论产生不正当的影响，通过一门考试所需掌握的知识（除了那些纯粹的工具性知识，比如语言及其运用）应当仅仅限定在事实和实证科学的范围之内；即便是高等级的考试，也该如此。针对宗教、政治或其他有争议的主题的考试，不应考查观点的真伪，而应当考查事实，比如某某作者、某某学派或者某某教派出于某某理由而持有某种观点。处于这种制度之下，在对待一切存有争议的真理时，年轻一代的处境就不会比目前一代更加糟糕；他们要么是被培养成教士，要么是被培养成持有异见者，就像如今的情况一样，而政府只需确保他们被培养成有文化的教士或者有文化的异见者罢了。如果他们的父母愿意，他们也完全可以在教授其他知识的相同学校里接受宗教方面的教育，而不会遇到任何妨碍。政府试图让公民对有争议问题得出的结论形成偏见的所有做法，都属于恶行；但是，政府可以非常恰当地去主动查清和证实，一个人是否掌握了关于任何一个值得注意之具体问题的必要知识，并且是否能够根据这种知识得出自己的结论。一个学习哲学的学生，无论是赞成洛克的学说还是赞成康德[4]的理论，甚至是两者的理论都不赞成，若是能够通过关于这两位哲学家理论的考试，那就说明他是一位优秀的学生；只要是不要求一位无神论者公开宣称自己相信基督教信仰的种种证据，那么人们就不可能有正当的理由，去反对这位无神论者参加关于基督教信仰的证据的考试。然而，我认为，高等知识分支领域里的考试，应当是完全自愿参加的。如果允许政府以所谓的"不够资格"为由，阻止任何人从事一些职业，甚至是阻止任何人从事教师职业，那就是把太过危险的一种权力赋予了政府。我还跟威廉·冯·洪堡一样，认为所有参加并且通过了考试的人，都应当获得学位证书，或者获得其他表明考试者具有了科学或专业知识的公开证书；不过，除了公众舆论有可能极其重视这种证书的价值之外，它们不应当给持有者带来凌驾于竞争者之上的优势才是。

错误的自由观念，既让人们没有认识到父母一方负有的道德义务，也使得社会无法强制他们去履行其法律义务。这种情况，并非只是存在于教育问题中；教育问题中，始终都存在导致前一方面的最强大的理由，而在许多情况下，后一方面也是如此。让一个人生存下来这一事实本身，是人类生活领域里责任最重大的行为之一。承担起这一责任，就是赋予他人一种或是祸害、或是福分的生命；除非被赋予生命者起码拥有理想生活的普通机会，否则的话，赋予其生命就是对这个人犯下了罪行。因此，在一个人口过多或者有可能变得人口过多的国度里，生育的儿童数量若是超过了一个极小的数值，且他们的竞争导致了劳动报酬降低的结果，那就是针对所有靠自己劳动所得生活的人犯下的一种严重罪行。欧洲大陆上许多国家的法律都规定，除非双方证明他们能够养活家庭，否则的话，就禁止双方结婚；这些法律，并未超出政府合法的权力范畴，因为不管这样的法律法规有利与否（这个问题，主要取决于当地的情况和人们的感受），人们都无法说它们侵犯了自由而去加以反对。这样的法律法规，就是政府为了禁止一种有害的行为而进行的干预；这种行为会伤害他人，就算人们认为不适宜追加法律惩处，它们也理当受到谴责，是社会的一种耻辱。然而，目前的自由观念虽说很容易屈从于人们在一些纯属私人之事上真正侵犯个人自由的做法，但当他们的放纵行为导致的后果，是一种令子孙后代都感到厌倦的悲惨不堪、无比堕落的生活，会给与子孙后代关系亲密、受其行为影响的人带来众多弊害时，却会排斥旨在对个人爱好加以约束的做法。倘若比较一下人类对自由那种奇怪的尊重与他们对自由那种奇怪的缺乏尊重这两种并存的现象，我们就可以想象出，一个人拥有伤害他人的绝对必要的权利、却完全无权在不给他人带来痛苦的情况下让自己感到满意是个什么样子了。

我之所以把关于政府干预权限的一大类问题留到最后来讨论，是因为这些问题虽然与本书的主题紧密相关，但严格说来，它们却并非属于本书主题的论述范畴。在这些情况下，反对政府干预的理由并非取决于自由原则；问题的关键并不在于约束个人的行为，而在于帮助他们。人们问的是，为了民众的利益，政府是否应当采取某种措施或者促成采取某种措施，而不是任由他们个人或者自发联合起来去采取行动。

政府的干预若是没有达到侵犯自由的程度，那么反对政府干预的观点就可以分成三类。

第一类观点就是，对于待办事项，个人有可能完成得比政府更好。通常而言，最适于干某件事情或者决定如何去干、由谁去干此事的，莫过于那些本身对此事很感兴趣的人。这一原则表明，立法机构或政府官员一度极其普遍地干预工业产业那些普通进程的做法都是错误的。不过，问题的这一部分已经得到了政治经济学家的充分论述，与本文论述的原则之间也没有明确的关联。

第二类反对意见，则较为接近我们的论述主题。在许多情况下，尽管平均来看，个人干某件具体事情时不如政府官员那样好，但此事仍然值得由他们而非政府去干，应将此事当成他们教育自身心智的一种方式，当成一种强化他们的主动能力、锻炼他们的判断能力、深入了解自己必须主动去加以解决的那些问题的手段。这就是陪审团审案（非政治性案件）、自由民主的地方机构和市政机构、志愿者协会经营管理工业企业和慈善企业等方面，主要值得我们推荐的地方，但它并非唯一的可取之处。这些方面，都不是关乎自由的问题，与自由这一主题之间只有细微的倾向性关联；不过，它们都属于发展方面的问题。将这些问题当成国民教育的组成部分来详加讨论，理应选取一个不同于本书的时机来进行；实际上，这些方面都是对一个公民进行的特殊训练，是对自由的民众进行政治教育的实践性组成部分，能使他们摆脱个人与家庭私利的狭隘圈子，让他们逐渐理解共同利益与管理共同关心之事的意义，使他们习惯于根据公共或半公共的动机行事，并且利用将他们相互团结起来而非彼此孤立的目标，对他们的行为加以引导。倘若没有这些习惯和力量，一部自由的宪法就既不可能实施，也不可能得到维护；有些国家的政治自由并非以局部的自由为充分依据，故其政治自由往往非常短暂，这就是例证。本书前文中已经论述过发展个性化和行为方式多样化带来的所有益处；它们进一步说明，应当由地方当局来管理纯属地方性的事务，而由那些自愿提供资金来源的人联合起来，去管理大型的工业企业。政府在其他方面的运作情况，可以说都是一样的。与此相反，有了个人和志愿者群体之后，就有了各种各样的实验，能获得无穷无尽的多种经验。政府能做的有益之事，就是让自身变成一个"中央存管处"、主动的"循环器"和"扩散器"，存贮、循环和传播从诸多尝试中所获的经验。政府的任务，就是让每一个实验者都能从他人的实验中获益，而不是除了自己的实验，就容不下别的实验。

第三类观点，也即限制政府干预最有力的一种理由，就是让政府获得了多余的权力这种严重的弊端。在政府业已行使过的职能之上增添的每一种职能，都会导致政府对人们心中怀有的希望与恐惧的影响力，得到更加广泛的扩散，并且让公众当中原本积极主动、心怀抱负的那些人日益变成逢迎攀附政府的人，或者成为依附某个旨在当政的党派之人。如果公路、铁路、银行、保险公司、大型股份公司、大学和公共慈善机构全都是政府的各个部门。此外，如果各地的市政公司和地方委员会，连同如今下放给它们的一切权力，都成了中央政府下属的各个部门，就算这些不同企业的员工都由政府任命和支付薪资，都指望着政府让他们的生活步步向好。那么，所有的出版自由与平民性立法机构，也不会让我国或其他任何一个国家获得并非只属于名义上的真正自由。而且，行政机构创建得越有效率、越科学，为获得能力最强的人才来管理行政机构的手段越高明，由此导致的弊端也就越严重。在英国，最近有人提出，政府里的所有公职人员都应当通过具有竞争性的考试来选拔，以便为那些工作岗位觅得最聪明、受教育程度最高的可得人才；支持和反对此种提议的言论与文章都已不少了。反对提议者最坚持的一个论点，就是在政府里担任终生公务员这一职业，并未提供薪酬和提升到重要职位的大好前景来吸引顶级人才，后者往往能够在行业、公司和其他公共机构中找到更具吸引力的职业。如果这个论点被支持该提议的人用来回答人们的主要非难，我们并不会感到奇怪。可非常奇怪的是，这个论点却来自反对该提议的人。他们提出的一种反对理由，针对的就是提议中这种制度的安全监管措施。如果全国所有的优秀人才确实能够吸纳进政府的公务员队伍，那么，一种旨在导致这种吸纳结果的提议，就完全有可能引发人们的不安了。如果凡是需要有组织的齐心合力或者广博而全面的视野的社会事务，全都掌控在政府的手中，如果政府中的各个职位都由最能干者充任，那么除了纯粹的投机性，我国一切博大精深的文化修养和经过实践检验的聪明才智，就会集中到大量的官僚身上；社会中的其余阶层，就只能凡事都指望这些官僚了。群众要从他们那里接受指示和命令，才能做群众必须去做的一切；有能力、有抱负的人，则要仰仗这些官僚来获得个人晋升。获准跻身于这个官僚行列，以及一旦被接纳进去则在其中平步青云，就会成为人们心中抱负的唯一目标。在这种体制下，非但外部民众由于缺乏实践经验，故不配去批评或者遏制官僚机构的运作方式，而且，就算专制统治中的意外情况或者大众机构的自然作用，偶尔会把一位或者一群具有改革意向的统治者推上权力的巅峰，违背官僚机构利益的任何改革也是不可能实行的。俄罗斯帝国那种令人悲哀的情况，正是如此；一些具有充足观察机会的人所作的描述，就说明了这一点。连沙皇（Czar）本人，也无力去对抗那个官僚集团；虽说他可以把其中的任何一人发配到西伯利亚（Siberia）去，可若是没有那些官僚，若是违背那些官僚的意志，沙皇就没法统治整个国家了。对于沙皇颁布的每一道法令，他们都拥有一种心照不宣的否决权，只需不去实施该法令就行了。在文明程度更先进和更具反抗精神的国家中，公众由于习惯了一切都由政府替他们完成，或者起码来说，若是没有经过政府的允许，甚至若是政府没有告知如何去做，他们就不会替自己去做任何事情，因此对于降临到他们身上的所有不幸，公众自然会让政府负责；倘若这种不幸超过了他们的耐心所能容忍的限度，公众就会揭竿而起，反抗政府，进行所谓的革命。于是，不管有没有获得国家赋予的合法权威，另一个人就会一跃而身登上宝座，对那个官僚集团发号施令，而一切便跟从前一样继续下去；至于那个官僚集团，并未发生改变，因为其他任何人都无法取而代之。

在一个习惯于自行其是的民族当中，呈现的却是另一番大不相同的情景。在法国，大部分人都服过兵役，其中许多人起码也有士官军衔；因此，在每一次民众起义中，总会有数位能力出众者领头，并且临时制定出某种还算说得过去的行动计划。法国人富有军事才能，美国人则擅长于各种各样的行政事务；若是没有政府，那么每一群美国人都能临时组建起一个政府，然后充分聪明、有条有理和果断坚决地让这个政府运行下去，或者让其他的公共事务进行下去。这才是每一个自由民族应当去做的事情，而一个能够做到这一点的民族，也必定是一个自由的民族。这个民族，绝对不会任由自己被任何一个或一群人所奴役，因为他们有能力掌控和约束中央政府。任何官僚集团都不要指望，可以让美国人这样的一个民族去做不喜欢的事情，或者去忍受不喜欢的事情。但在凡事都要通过官僚集团来进行的国家里，官僚集团真正反对的事情，都是不可能实行的。这种国家的体制，就是将整个民族的经验与实践能力组织起来，成立一个有规有矩的机构，以达到统治其他民众的目的；这种组织体系本身越是完善，越是成功地将社会各阶层中最能干的人吸引过来和为政府培养出最能干的人，它对所有人的束缚就会越发彻底，其中也包括对官僚集团成员的束缚。原因就在于，统治者实际上也是他们成立的那种组织、规定的那种纪律面前的奴隶，就如被统治者是统治者的奴隶一样。中国的一名官吏，与地位最卑贱的农民一样，实际上都是一种专制制度的工具和产物。一名耶稣会修士[5]，实际上就是该修会中地位极其卑微的奴隶，尽管该修会本身之所以存在，是为了获得集体力量和让所有修士都能名望加身。

我们同样不要忘记，将国家所有的能力出众者全都纳入统治集团的做法，迟早会对统治集团本身的心智活力与进取精神产生致命的影响。由于他们紧密地团结成了一体，操纵着一个与所有系统一样，在很大程度上必须根据固定规则来运行的系统，因此这种官僚集团会不断地受到诱惑，陷入懒散怠惰的例行公事状态中去；若是时不时地舍弃那种有如拉磨的马儿原地转圈的做法，他们也有陷入跟着某位突发奇想的领头人物，仓促地采取未经深思熟虑的粗暴行动的危险。对这两种看似对立、实则紧密结合在一起的倾向进行遏制的唯一办法，能够产生激励作用、让统治集团的本领始终保持在一种高水准状态的唯一因素，就是让统治集团接受集团外部同样能干的人警惕地提出的批评和监督。因此，我们必须拥有不依赖于政府而存在的手段，去塑造这种能干的人，并且为其提供正确地判断重大实际事务的机会与经验。如果我们想要永远拥有一个干练和高效的官僚集团，并且首要的是拥有一个能够创新、愿意采取改进措施的官僚集团，如果不想让我们的官僚政治退化堕落成一种腐儒政治，那么，这个集团就绝对不能一心只扑在形成和培养统治人类所需的能力的所有职业上。

确定对人类自由和进步具有如此强大力量的弊端始于何处，或者更准确地说，确定那些弊端在何处开始胜过人们在公认领袖人物的领导下，集体运用社会力量，彻底铲除各种阻挠社会幸福之障碍所带来的成效，开始胜过人们确保尽量获得权力与人才集中、不让过多一般性活动进入行政渠道所获得的种种优势，是行政管理艺术中最难解决和最复杂的问题之一。在很大程度上，这是一个细节问题；我们非但必须考虑到诸多不同的因素，而且不可能为之制定出什么绝对的规则。但我认为，对于确保安全的实践原则、需要牢记心中的理想，以及对于旨在解决这一难题而做出的所有安排，进行检验的标准可以用这样一句话概括出来：根据效率原则最大限度地分权，但要尽最大可能地实现信息集中化，以及从中央向外传播信息。如此一来，在市政管理方面，我们就会像美国新英格兰地区的各州一样，地方政府遴选出来的各级官员之间会有极其精细的分工，他们负责管理的，是与之具有直接利害关系的人不太适合处理的事务；但除此之外，我们还需在地方性事务的每一个方面都设立一个中枢监管机构，组成全国性政府里的一个分支部门。这个监管机构会像透镜聚焦一般，将各种各样的信息和经验汇集起来；这些信息和经验，有的来自各地公共事务部门的施政行为，有的来自外国实行的一切类似措施，还有的则源自政治学中的普遍原理。这个中枢机构应当有权了解发生的一切情况，而其特别职责则是确保从一个地方获得的知识能为其他地方所用。由于地位很高、观察范围全面广泛，使之不会受到一个地方的小气偏见和狭隘视角所影响，因此这个机构提出的建议，自然会具有很大的权威性；但我认为，作为一个常设性机构，它的实际权力应当有所限制才是，顶多只能强制地方官吏服从那些为了对他们加以引导而制定出来的法律。在一般性法规并未做出规定的所有事情上，地方官员都应当能够自主裁量，对他们的选民负责。若是有违法规，他们就理应承担法律责任；当然，那些法规也应由立法机构来制定。中央行政机构只负责监督这些法律法规的执行；若是发现它们没有得到贯彻执行，这个机构就应当根据情况的性质，向法庭提起诉讼，要求执行相应的律法，或者要求选民罢免那些没有按照法律之精神去执行的官吏。这就是英国济贫法局[6]打算在对全国济贫税管理人员实施中央监管的总体构思。无论济贫法局行使超越这一界限的任何权力，在那种特殊情况下都是正确的和必要的做法，目的都是为了纠正弊政陋习，后者根深蒂固，存在于一些非但深深影响到了各地，还影响到了整个社会的问题当中；因为通过那些弊政而让自身变成一个贫困的渊薮，且必然令贫困有如洪水一般蔓延到其他地区，从而损害整个劳动阶层的道德状况与身体健康，各地都没有这样的道德权利。济贫法局拥有行政强制权和附属立法权（但公众舆论对这个问题的看法，使得济贫法局很少行使这两种权力）；它们虽然在全国都极其关注的形势下是完全正当合理的权力，但若在监管纯属地方利益的事务中去行使，却是全然不妥的。不过，一个向所有地区提供信息和进行指导的中枢机构，在所有的行政部门中都具有同等的重要性。一个政府里，那种不会阻碍个人付出努力、获得发展，而是会帮助和激励个人做出努力和获得发展的主动性，再多也无妨。倘若政府没有激发出个人与群体的主动性与力量，而是用自己的主动性取而代之，倘若政府不是用告知、建议的方法，且必要时也用谴责的方式，让个人和群体去劳动，反而让他们在束缚之下去劳作，或者命令他们站在一边，由政府来替他们完成任务，这种做法就将是弊害之始。从长远角度来看，一个政府的价值，就是组成政府的个人的价值。一个政府，若是将关乎个人心智拓展与提升的利益放在次要地位，而把让他们多获得一点儿行政管理才能，或者多获得一点儿类似于在事务细节方面进行实践所带来的才能放在首位；一个政府，若是为了让民众变成其手中更加温驯的工具而阻碍民众的发展（即便是出于有益之目的而这样做），它就会发现：依靠卑微渺小者，是无法真正成就任何宏图大业的。这种政府以牺牲一切为代价而确立起来的完美机制，最终却会让它一无所获，因为那种机制缺乏生命力；可为了让国家机器运行得更加平稳，这种政府也更愿意把这种生命力扼杀了。

（正文完）

# 注 释

## 引 言

1    本书中的"我国",都是指作者所在且与"欧洲大陆"相对的英国。

2    希洛人（Helots），古希腊在斯巴达人征服拉哥尼亚（Laconia，斯巴达首府）的过程中变成农奴的原住民，他们非但要替斯巴达人耕作土地、缴纳粮食，还要随着斯巴达人出征作战。

3    清教主义（Puritanism），16世纪出现于英国的基督教新教派别"清教"所奉行的教义和思想。清教徒主张彻底消除英国国教保留下来的天主教旧制度，简化仪式，提倡过勤俭清洁的生活，故得此名。

4    孔德（Auguste Comte，1798—1857），法国哲学家和社会学家，是社会学与实证主义（Positivism）的创始人，被后世称为"社会学之父"，其代表作有《实证哲学教程》（*Cours de philosophie Positive*）等，晚期曾致力于成立所谓的"人道教"。

## 论思想与讨论之自由

1　都铎王朝（Tudors），指亨利七世（Henry VII）于 1485 年入主英格兰、威尔士和爱尔兰之后开创的一个王朝，直到 1603 年伊丽莎白一世（Elizabeth I）去世为止，一共 118 年，经历了五代君主，是英国从封建主义向资本主义过渡的时期，也是英国君主专制历史上的一个黄金时期。

2　我刚刚写下这些文字，就发生了 1858 年的"政府诉出版事件"（Government Press Prosecutions），仿佛是有意跟我的观点大唱反调似的。然而，对公共言论自由加以草率干涉的这一事件，既未让我更改文中的一字半句，也完全没有削弱我的这种信念：除了恐慌时期，我国用刑罚来压制政治讨论的时代已经过去了。至于原因，首先是在这一事件中政府并未不依不饶地坚持起诉；其次则是，正经来说，这种起诉也并非政治控诉。政府指控的罪行并非是被告批判政治制度，或者被告对统治者的行为或人身进行抨击，而是被告传播被认为是不道德的一种学说，即"诛弑暴君"（Tyrannicide）合法这种学说。

若说本章中的论述还算正确的话，那么在道德信念上，我们就应当拥有最充分地表达和讨论任何一种学说的自由，而不管人们认为该学说如何不合道德。所以，在这里来探究"诛弑暴君"的学说是否合乎道德，既会离题万里，也会不合时宜。我只需指出，此种学说一直以来都是一个尚无定论的问题，而公民个人杀死一个凌驾于法律之上、不受到法律惩处和约束的罪犯的行为，在世间所有民族及一些最睿智的精英人士看来，非但不是犯罪，反倒是一种高尚的义举；而且，不论对错，这种行为都不带有暗杀的性质，而是带有内战的性质。因此我认为，在特定情况下煽动这种行为可能应当受到惩处，但也只能在随后实施了公开刺杀行为的前提下才能进行惩处，起码也应能确定刺杀行为与鼓动之间存在合理的关联。即便如此，也只能由受到了攻击的政府来行使其自卫权，并且合法地去惩处危及其生存的进攻行为，而不该由一个外国政府来对这种行为加以惩处。——作者注

3　原文为拉丁语"i maëstri di color che sanno"，是诗人但丁对他们的尊称。

4　本书写成于 19 世纪中叶，当时距耶稣受难的时间为一千八百多年（耶稣三十多岁就受难而死）。

5　骷髅地（Calvary），基督教"圣城"耶路撒冷城墙之外的一个地方，据说耶稣就是在此处被钉死在十字架上，亦称"各各他"（Golgotha）。

6　典出《新约·马太福音》第 26 章。那位大祭司叫该亚法，他要求耶稣起誓回答自己是不是神的儿子基督，耶稣则回答说："然而我告诉你们，后来你们要看见人子，坐在那权能者的右边，驾着天上的云降临。"该亚法便撕开自己的衣服，称耶稣说了"僭妄的话"；在场的犹太人文士、长老都说耶稣该死，将他交给了巡抚彼拉多，后将他钉死在十字架上。

7　圣保罗（St Paul，5—67），早期基督教领袖之一，原名扫罗（Saul）。据称，耶稣复活后，早期的基督徒因被视为异教徒而遭到迫害，保罗也参加过这种迫害活动。但在一次前往大马士革的途中，他因受到耶稣显灵的感化而改变了宗教信仰，成了这种新宗教最有力、影响最大的支持者和传道者，最终被罗马帝国皇帝尼禄处死。后被天主教（大公教会）追封为"使徒"。

8　马可·奥勒留（Marcus Aurelius，121—180），古罗马皇帝兼哲学家、思想家，被后人称为贤君，著有哲学思想散文集《沉思录》(*Meditations*，原作为希腊文）。

9　斯多亚派（Stoics），也音译为"斯多葛派""斯多阿派"。塞浦路斯岛人芝诺（Zeno，约公元前334—约前262）于公元前300年左右在雅典创立的一个哲学流派，因此人在雅典集会广场的画廊（古希腊语为Stoa Poikile）聚众讲学而得名。该学派崇尚理性、顺应天命，相信"神明的律法"，提倡希腊文化与希腊哲学，因为第一次体现出了天赋人权、人人生而平等这种西方人文主义的核心理论，而对后世产生了重大的影响。马可·奥勒留是这一学派晚期最著名的代表人物。但在此人治下，迫害基督徒的现象有所增加，而严重程度也显著增大了。

10　君士坦丁大帝（Constantine，272—337），罗马帝国皇帝，公元306年至337年在位，全名弗拉维·瓦莱里乌斯·奥勒里乌斯·君士坦丁（Flavius Valerius Aurelius Constantine），亦称"君士坦丁一世"。公元313年，他颁布了著名的《米兰敕令》，承认基督教为合法自由的宗教，并在临终前受洗为基督教徒。

11　就是指马可·奥勒留，因为此人全名为马可·奥勒留·安东尼努斯·奥古斯都（Marcus Aurelius Antoninus Augustus）。

12　约翰逊博士（Dr. Johnson），即塞缪尔·约翰逊（Samuel Johnson，1709—1784），英国诗人、文学评论家、词典编纂家，英国18世纪中叶后的文坛领袖，著有长诗《伦敦》《人类欲望的虚幻》，编著《英语大词典》《莎士比亚集》，以及《诗人列传》等作品。此人也是一位虔诚的教徒和保皇派。

13　身披麻衣、须发涂灰，是犹太人悲切忏悔时的一种习俗。《圣经》中多处提到，麻衣是作为悲切的标志而穿的衣服。如《旧约·诗篇》中就有"你已将我的哀哭变为跳舞，将我的麻衣脱去，给我披上喜乐"的句子，《旧约·尼希米记》中也有"这月二十四日，以色列人聚集禁食，身穿麻衣，头蒙灰尘"等句。

14　洛克里斯人（Locrians），曾经生活在希腊中部洛克里斯（Locris）的一个古希腊部族。在古希腊神话中，这个部族是普罗米修斯的儿子丢卡利翁（Deucalion）的曾孙洛克努斯（Locrus）的后代。据说洛克里斯人扎雷乌库斯（Zaleucus）制定出了古希腊的第一部成文法典，即《洛克里斯法典》（Locrian Code）。

15　布雷西亚的阿诺德（Arnold of Brescia，约 1090—1155），中世纪意大利的激进派宗教改革者，原是布雷西亚隐修院的院长，1137 年参加群众起义，反对主教曼弗雷德的政治措施，要求整顿神职人员和废除教皇的世俗权力，故被教皇英诺森二世斥为教会分裂分子并受到放逐。虽然后来与教廷有过和解，但由于观点激进，主张精神权力与物质财富互不相容，因此为教廷所不容，最终被处以绞刑，然后焚尸，骨灰被扔进了台伯河中。后世把他和萨沃纳罗拉、约翰·加尔文及马丁·路德并称为基督教会的四位改革者。

16　弗拉·多尔齐诺（Fra Dolcino，约 1250—1307），中世纪意大利的一位激进派基督教牧师兼宗教改革运动领袖，因反对教阶制度和封建体制而被天主教会判处火刑。

17  阿尔比教派（Albigeois），中世纪西欧一个反对正统基督教的派别，属于"清洁"派的一支，因12世纪至13世纪间流行于法国南部图卢兹的阿尔比城而得名。教徒主要是市民、骑士和贵族，他们否认正统天主教的三位一体、圣礼和炼狱等说法，把教皇斥为魔鬼，宣称要打倒罗马教会，因此被教会定为异端并遭到了教会的迫害。

18  瓦勒度派（Vaudois），12世纪起源于法国的一种寻求以贫穷、单纯的生活方式来师法基督之传的福音运动，因其创始者为里昂人瓦勒度（Pierre Waldo）而得名，亦拼作 Waldensians 或 Waldenses，亦译"韦尔多派"。该教派视贫穷为美德，崇尚过真实、贫穷的生活，对当时教会中普遍放纵和奢华的生活形成了讽刺，并且否认教皇的权威，从而激怒了教皇，被宣布为异端，并受到了教会的迫害。

19  罗拉德派（Lollards），14世纪至16世纪英国宗教改革期间出现的一个宗教派别，因其创始人是经院神学家、哲学家兼翻译家约翰·威克利夫（John Wycliffe，约1328—1384），故又称"威克利夫派"。由于反对教会特权、主张没收教会财产、废除教会规定的繁文缛节以及用《圣经》权威来取代教皇权威，该教派受到了教会的打压。

20  胡斯派（Hussites），15世纪捷克一场宗教改革运动中出现的一个基督教派别，因其创始人是布拉格大学教授兼校长胡斯（Jan Hus，约1372—1415）而得名。该派认为教会占有大量土地是一切罪恶的根源，故主张没收教会财产，提出进行宗教改革并反对异族统治，因而被教会仇视和迫害，胡斯本人则被当成异端而处以火刑，由此开启了一场伟大的农民战争，即"胡斯战争"。

21 分指玛丽一世（Mary I，1516—1558）和伊丽莎白一世（Elizabeth I，1533—1603）。前者身为天主教徒，与弟弟爱德华六世交恶，当上了英国女王，并且处死了许多新教徒，获得了"血腥玛丽"的称号；后者曾被玛丽囚禁，玛丽死后继任为英国女王，在位期间实行温和的宗教自由政策，避免宗教迫害活动，并且成立了一个新教教会，后来这个教会又发展成了英国国教会。

22 康沃尔郡（Cornwall），英国西南端邻近大西洋的一个郡，曾是世界上著名的产锡区之一。

23 此人就是 1857 年 7 月 31 日博德明巡回裁判庭（Bodmin Assizes）审理的托马斯·普雷（Thomas Pooley）。当年十二月，国王赦免了此人。——作者注

24 即 1857 年 8 月 17 日，乔治·雅各布·霍利亚克（George Jacob Holyoake）；1857 年 7 月，爱德华·特鲁拉夫（Edward Truelove）。——作者注

25 此人就是 1857 年 8 月 4 日万宝路街治安法庭（Marlborough Street Police Court）审理的格雷肯男爵（Baron de Gleichen）。——作者注

26 我们必须高度警惕的是，迫害者的强烈情感中，还掺杂着"印兵起义"事件中普遍呈现出来的、我们民族性格中最恶劣的一些方面。狂热分子或江湖骗子在讲坛上发表的胡言乱语，或许不值一提；但是，"福音派"领袖已经宣布了统治印度教徒或伊斯兰教徒的原则，那就是：任何一所不教授《圣经》的学校，都得不到公共资金的支持；由此导致的必然结果，就是除了真正的基督徒或者假装的基督徒之外，任何人都不能被授

予公职。据报道，1857 年 11 月 12 日，一位副国务大臣（即威廉·N·梅西）向选民发表演讲时，曾经如此说道，"对他们在信仰方面的宽容"（指一亿英国臣民的信仰），"即英国政府称之为宗教的那种迷信，已经产生了阻碍英国威望上升、妨碍基督教良性发展的不利作用……宽容是我国宗教自由的伟大基石，但不能让他们滥用'宽容'这个宝贵的词语。据他看来，宽容意味着所有基督徒都拥有彻底的自由，都拥有信仰自由，因为他们的信仰根基相同。宽容意味着容忍信奉同一种居间媒介的基督徒中的所有宗派与教派"。本人却希望大家注意这样一个事实：这个被公认适于在我国那个自由派内阁领导下的政府中担任要职的人，竟然坚持认为，所有不信奉基督神性的人都不包括在宽容的范围之内。看到这种愚蠢的表现之后，又有谁还能够沉湎在那种幻觉当中，以为宗教迫害已经过去，再也不会死灰复燃了呢？——作者注

27  歌德（Johann Wolfgang von Goethe，1749—1832），德国著名的思想家、作家和自然科学家，著有《少年维特之烦恼》《浮士德》等不朽作品。费希特（Johann Gottlieb Fichte，1762—1814），德国著名的作家兼哲学家，是德国古典哲学的主要代表人物之一，著有《全部知识学的基础》《自然法权基础》《伦理学体系》等作品。

28  自然哲学（natural philosophy），自然科学的旧称，尤指物理学。它与狭义的"道德哲学"（moral philosophy）相对，研究的是自然界。亦译"天然哲学"。

29  西塞罗（Marcus Tullius Cicero，公元前106—前43），古罗马著名的政治家、演说家、雄辩家、法学家和哲学家，曾当选为执政官，后被政敌杀害。著有《论国家》《论至善与至恶》《论演说家》等作品。

30 加尔文（John Calvin，1509—1564），法国著名的宗教改革家、神学家、基督教新教重要派别"加尔文派"（在法国称为"胡格诺派"）的创始人，著有《基督教原理》。

31 诺克斯（John Knox，约1513—1572），著名的苏格兰牧师、神学家、作家和宗教改革运动领袖，曾在日内瓦受教于加尔文，也是苏格兰长老会的创始人。

32 卢梭（Jean-Jacques Rousseau，1712—1778），18世纪法国著名的启蒙思想家、哲学家、教育家、文学家、民主政论家和浪漫主义文学流派的开创者，启蒙运动的代表人物之一，著有《论人类不平等的起源和基础》《社会契约论》《爱弥儿》等作品。这里所说的"悖论"，是指卢梭一方面认为财产权是自由和人权的保障，另一方面又认为财产权是人类不平等的起源，以及其他一些相互矛盾的观点。

33 《古兰经》（Koran），伊斯兰教的经典，亦译《可兰经》。

## 论幸福要素之个性自由

1 亚西比德（Alcibiades，约公元前450—前404），古希腊杰出的政治家、演说家和将军，曾是苏格拉底的生死之交。

2 伯里克利（Pericles，约公元前495—前429），古希腊奴隶制民主政治的杰出代表、古代世界著名的政治家之一，他毕生致力于经营奴隶制民主政治、扩张雅典的势力，曾多年担任雅典的首席将军，完全掌控着国家政权。

3　拜占庭帝国（Byzantine Empire），即公元 395 年至 1453 年间的东罗马帝国，它由罗马帝国分裂而成，首都在拜占庭（即君士坦丁堡），所辖范围大致包括欧洲东南部和亚洲西南部，为与神圣罗马帝国相区别才被称为"拜占庭帝国"。

4　原文为拉丁语 ex vi termini，指"从所用词语本身的意思，根据该用语，从 / 据所用词语的力量"等义。

5　尼亚加拉河（Niagara River），北美"五大湖区"的一条河流，自伊利湖（Lake Erie）流向安大略湖（Lake Ontario），是连接这两个湖泊的通道。由于全程水位落差大，因而水流湍急。著名的尼亚加拉大瀑布就位于这条河上。

6　近年来，社会上出现了一种既卑鄙又可怕的所谓"证据"，因为凭借这种证据，可以依法宣告任何一个人不适于掌管自己的事务；而且，此人死后，若其生前财产足以支付诉讼费用（诉讼费用要用其生前财产支付），那么此人的财产处置方案也可以撤销。此人日常生活的所有细节，都会被人窥探得清清楚楚，而据最为卑劣之人的观察和描述，凡是发现此人身上有不同于绝对平庸的迹象，它们都会被当成此人精神错乱的证据提交给陪审团，并且原告方常常胜诉，因为陪审员几乎与证人一样粗鄙无知，而法官们则像一直让我们感到震惊的英国律师一样，对人性与生活极度无知，还经常对陪审员产生误导作用。这些审判案件，深刻地说明了平民百姓对人类自由所怀感受与所持观点的情况。法官和陪审团根本就不重视个性，根本就不重视每一个人在一些无关紧要、据其自身的判断与倾向看来似乎有益的事情上采取行动的权利；他们甚至想象不到，一个处于理智状态的人怎么可能渴望获得这样的自由。在过去，倘若有人提出把无神论者烧死，心怀慈悲的人常常会提出将无神论者送进疯人院里去；如今若是看到有人干这种事情，也没什么可奇怪的，而干出此种行径的人还会沾沾自喜，因为他们不再进行宗教迫害，而是采取了一种极其人道和极其符合基督教精神的方式来对待这些不幸的人，并且看到后者得到了应有的惩罚，他们心中也难免会颇感满意的。
——作者注

7　德·托克维尔（Alexis-Charles-Henri Clérel de Tocqueville，1805—1859），法国历史学家、政治思想家，社会学（政治社会学）的奠基人。曾经担任过法国议员、外交部长等职，参与制订过法兰西第二共和国宪法，后因政治上失势而主要从事历史研究，著有《论美国的民主》《旧制度与大革命》《美国游记》等作品。


## 论社会对个人行使权力之限制


1　原文为希腊语 πλεονεζια。

2　乔治·巴恩韦尔（George Barnwell），英国剧作家兼珠宝商乔治·李洛（George Lillo，1691—1739）的代表作《伦敦商人》（*The London Merchant, or The History Of George Barnwell*）中的主人公。此人原是一位学徒，因与一名妓女私通，并在后者的唆使下谋杀了自己的叔父而被判处了绞刑。

3　查理二世（Charles Ⅱ，1630—1685），苏格兰斯图亚特王朝第十一位国王兼英格兰及爱尔兰斯图亚特王朝的第三位国王，在位其间曾发动两次英荷战争，并且签署了"人权保护法"。因生活上奉行享乐主义，故世人称之为"快活王"或"欢乐王"（Merrie Monarch）。

4　孟买的帕西人，就是一个非常恰当的怪例。这个勤劳进取、属于波斯拜火教教徒后裔的部落在历代哈里发的逼迫之下逃离故土，抵达印度西部之后，当地的印度教君主宽容地接纳了他们，条件就是他们不能食用牛肉。当那些地区后来并入了穆斯林征服者的治下之后，帕西人又得到了穆斯林统治者的持续包容，条件就是他们不能食用猪肉。于是，起初对当局的那种顺从就慢慢变成了他们的第二天性，所以时至今日，帕西人都不吃猪肉和牛肉。尽管他们信奉的宗教并无此种规定，可随着时光流逝，这种双重禁忌就变成了这个部落的一种习俗；而在东方国家，习俗其实就是一种宗教。——作者注

5　新英格兰地区（New England），美洲大陆东北部濒临大西洋、毗邻加拿大的一个地区，包括如今美国的缅因州、佛蒙特州、新罕布什尔州、马萨诸塞州、罗得岛州和康涅狄格州。最初由探险家约翰·史密斯船长（Captain John Smith，？—1631）命名，后成为在英国国内受到迫害的清教徒在北美开辟的殖民地。

6　共和国时期（the Commonwealth），指英国自 1649 年查理一世被弑、成立资产阶级共和国至 1660 年斯图亚特王朝复辟这一时期。期间，身为清教徒的奥利弗·克伦威尔（Oliver Cromwell，1599—1658）于 1653 年攫取了权力，自封"护国公"，故这一时期又称"护国公执政时期"。

7   卫理公会（Methodist），18世纪英国圣公会牧师约翰·卫斯理（John Wesley，1703—1791）创立的一个新教派别。该派宣称忠于《圣经》，忠于传统教义，认为宗教的核心在于人与上帝的切身联系，在社会观点方面重视下层社会，主张社会改良。亦称"循道宗""循道会"等。

8   指美国新英格兰地区的缅因州（Maine）。1846年，缅因州率先通过了官方禁酒令（Maine Law 或者 Maine Liquor Law）。在此之前，各州的清教徒都进行了有组织的、自发的禁酒运动，到1917年时，美国有23个州颁布了禁酒令。受此影响，英国于1853年成立了一个禁酒组织，也就是下文所称的"同盟"（Alliance），其全称是"联合王国同盟"（United Kingdom Alliance）。

9   指英国政治家爱德华·亨利·斯坦利（Edward Henry Stanley，1826—1893），此人曾两度担任英国外交大臣以及英国殖民大臣等职。

10  原文为拉丁语："Deorum injuriae, Diis curae."

11  摩门教（Mormonism），美国人小约瑟·斯密（Joseph Smith Jr.，1805—1844）创建的一个宗教派别，因他在1830年出版了《摩门经》一书而得名。该教派所奉教义与传统的基督教及新教各教派都不相同，初期吸引了大批欧洲工人，后因"合一制度"及"一夫多妻"等制度而为人们所诟病。

# 论自由原则之应用

1　原文为拉丁语 caeteris paribus。

2　边沁（Jeremy Bentham，1748—1832），英国的法理学家、功利主义哲学家、经济学家兼社会改革者。他是政治上的激进分子，亦是英国法律改革运动的先驱和领袖，以功利主义哲学的创立者、动物权利的宣扬者及自然权利的反对者而闻名于世，还对社会福利制度的发展作出了重大的贡献，著有《政府片论》《道德与立法原则概述》《赏罚原理》等作品。

3　原文为拉丁语 a fortiori，指"更不必说，更何况"。

4　洛克（John Locke，1632—1704），英国哲学家、思想家兼政治家，经验主义的代表人物之一，他反对君主专制，提倡分权，并在"社会契约"理论上做出过重要的贡献，著有《论宽容》《政府论》《人类理解论》等作品。康德（Immanuel Kant，1724—1804），德国作家、思想家和德国古典哲学的创始人，其学说深深影响了近代的西方哲学，并且开启了康德主义等诸多流派，著有《纯粹理性批判》《实践理性批判》《判断力批判》等作品。

5　耶稣会修士（Jesuit），耶稣会（The Society of Jesus）成员的统称。耶稣会是天主教的一个修道会，由西班牙贵族伊格内修斯·罗耀拉（Ignatius of Loyola，约1491—1556）等于1534年创立。该修会仿照军队建制，采取连队化的组织结构，实行高度的中央集权，教阶分明，故又被人们称为"耶稣连队"。由于耶稣会修士所受的训练极其严格，除了神学还要研习文学、哲学等方面的知识，故一向因博学而受到世人的尊重。

6　济贫法局（Poor Law Board），1847 年英国设立的一个政府部门，专司
　　《1834 年济贫法修正案》（又称《新济贫法》）的实施，其前身是"济
　　贫法委员会"（Poor Law Commission），后于 1871 年被"地方自治局"
　　（Local Government Board）所取代。后文中所称的"济贫税"（Poor
　　Rate）始征于英国 15 世纪末、16 世纪初的圈地运动之后，一般是按地
　　租的多少而对农场主征收相应的税额，目的是用此种税收来接济贫民，
　　但 1834 年的修正案取消了对无业贫民的一切金钱和实物救济。

# 约翰·穆勒 | 生平大事年表

1806 年 5 月 20 日：约翰·穆勒在伦敦郊区出生。其父詹姆斯·穆勒是 19 世纪苏格兰著名历史学家、经济学家，著有《英属印度史》一书，与大卫·李嘉图一同是古典经济学的代表人物。

1809 年：穆勒三岁，开始学习希腊文。《伊索寓言》是他阅读的第一部希腊文作品，之后他还阅读了色诺芬的《远征记》、"历史之父"希罗多德的全部作品以及苏格拉底和柏拉图的部分作品。

1814 年：穆勒八岁，开始学习拉丁文、几何与代数，同时希腊文功底大有长进，希腊悲剧大师欧里庇得斯和索福克勒斯的作品、修昔底德的作品、《荷马史诗》和亚里士多德的《修辞学》均在他的涉猎范围之内。

1817—1818 年：穆勒汇编了一本罗马政府的历史，虽然他后来觉得这部作品很不成熟，将手稿全部废弃了。1818 年，穆勒开始学习逻辑学，研读亚里士多德的《工具论》。

1820 年 5 月初：14 岁的穆勒受边沁的弟弟之邀，去法国住了一段时间，在蒙彼利埃大学的朗泰里克教授的私人指导下，学会了高等数学课程，并听了很多科学方面的讲座。1821 年 7 月，穆勒回到英国。

1821—1822 年：穆勒向父亲的朋友约翰·奥斯丁学习罗马法，在此期间他接触了边沁的主要思想，开启了穆勒人生的新纪元，也是他思想历程的重大转折点之一。

1823 年：穆勒在父亲工作的东印度公司得到一个职位，在印度通信检查署工作。穆勒在东印度公司工作了 35 年，直到东印度公司被关闭为止。同年，边沁创立了《威斯敏斯特评论报》，大力支持宣传哲学激进主义。

1824—1825 年：穆勒担当了边沁作品《司法证据原理》的编辑工作，这让他的写作能力得到了很好的培养。完成这项编辑工作之后，穆勒写的每一部作品，比之前写的任何东西都明显好很多。

1826 年：穆勒遭遇了一次重大的精神危机，他对边沁的功利主义理论产生了怀疑，从而怀疑生命的意义。但他最终成功地走出危机，对边沁的理论也不再盲从，并从自己的体验出发，给功利主义注入了更人性化的内容。

1830 年：穆勒认识了哈丽特·泰勒夫人，两人做了 20 年的朋友，才结为夫妻，哈丽特对穆勒自由主义思想的形成发挥了重大影响，《论自由》开篇即是穆勒对她的致谢。

1836 年 6 月 23 日：父亲詹姆斯·穆勒去世。同年，穆勒任《伦敦与威斯敏斯特评论报》（原《威斯敏斯特评论报》）主编。

1837 年：穆勒重新开始写《逻辑学体系》，这部作品他在五年前已经开始构思，但由于自己没有接受足够的逻辑学训练而搁置，其间他接触了孔德的《实证哲学教程》，两人在逻辑学方面一拍即合，却因政治理念不同而不欢而散。

1840—1841 年：1840 年夏秋，穆勒完成了《逻辑学体系》的全部初稿，但在 1841 年 4 月至年底，穆勒又对它从头至尾彻底改写了一番，他的所有作品都是用这种写作方式完成的——每一本书至少写作两遍。

1843 年：在蛰伏一年后，《逻辑学体系》正式出版。

1845—1847 年：1845 年秋，穆勒开始写作《政治经济学原理》，并于 1847 年底前完稿。在近两年的时间里，穆勒还特地抽出 6 个月时间，为《纪事晨报》撰稿，敦促建立爱尔兰农民对荒地的所有权。

1848 年：《政治经济学原理》正式出版，不到一年就卖出 1000 册。1849 年春第二版又印了 1000 册，第三版于 1852 年卖出了 1250 册，成为当时的畅销书。

1851 年 4 月：穆勒与哈丽特·泰勒正式结为夫妻。

1856 年：穆勒在东印度公司已经工作了 33 年，经多次晋升后，他被提拔为办事处主任，这个职位也就是印度通讯审查员，是东印度公司国内部仅次于部长的最高职位。同年，穆勒与哈丽特一起开始创作《论自由》。

1858 年：东印度公司被撤销，穆勒因此退休。1858 年 11 月 3 日，在前往蒙彼利埃的途中，哈丽特·泰勒在阿维尼翁因肺部突然充血而病逝，本应于 1858 年底完稿的《论自由》因此推迟。爱妻亡后，穆勒在她的墓地附近买了一栋小屋，和她的女儿海伦·泰勒在余生的大部分时间都住在那里。

1859 年：《论自由》正式出版，该书是自由主义理论的集大成之作，被誉为对"个人自由最热情、最有力的辩护"。

1861 年：《代议制政府》正式出版，经过多年的思考，穆勒认为代议制是最好的民主政体形式。

1863 年：《功利主义》正式出版，这是穆勒从堆积的手稿里拿走了一部分未出版的文章，都是婚姻生活的最后几年写成的。功利主义提倡追求"最多数人的最大幸福"。

1865 年：威斯敏斯特的一些选民建议穆勒加入议会，穆勒参选，以几百张票的领先优势战胜了保守党的竞争对手，成为议员。在任职期间，为改革法案与劳动阶级的利益做出了很大的贡献，并且极力参与政治与社会改革工作。

1866 年：穆勒呈递了一份由许多杰出妇女签名的争取选举权的请愿书，支持妇女参选。

1868 年：穆勒在新一届的威斯敏斯特选举中竞选失败，穆勒回到阿维尼翁，享受田园生活。

1869 年：与《代议制政府》同时期创作的《论妇女的从属地位》正式出版，继女海伦·泰勒为这本书增加了很多重要的想法，而在属于穆勒的部分里，穆勒觉得，最显著、最深刻的部分是哈丽特写的，这是他们共同的思想财产。

1870 年：穆勒完成了他的自传。自传最终于 1875 年由继女海伦·泰勒整理出版。

1873 年 5 月 8 日：穆勒在阿维尼翁逝世。

# 译后记

在人类的历史长河中，"自由"可以说是人人渴望的追求；而对整个社会来说，也是如此。西班牙作家塞万提斯曾说："自由是上帝赐给人类的最大幸福之一。"对于匈牙利诗人裴多菲的那首《自由与爱情》所言的"生命诚可贵，爱情价更高。若为自由故，二者皆可抛"，我们则更是耳熟能详。围绕着如此重大的一个主题，无数先贤大儒、当代哲人一定都多有论述，正所谓仁者见仁、智者见智；而其中最具里程碑意义的作品，则非英国哲学家兼经济学家约翰·穆勒的《论自由》莫属了。

穆勒生于伦敦，从小天资聪颖，一直深受父亲詹姆斯·穆勒这位功利主义哲学家的教育、影响和熏陶，因而博览群书，知识广博且思维缜密。当时的英国，无论是政治、经济、技术、文化还是思想，无疑都走在整个世界的前列，所以人们还将19世纪称为"英国的世纪"。然而，发展进步的过程中必然存在各种问题；比如说，在"工业革命"的推动下，资产阶级与无产阶级之间的矛盾日益激化；比如说，中产阶级开始发挥出自己的力量，对知识分子和贵族阶层产生了冲击；比如说，"乌托邦"社会主义和科学社会主义的崛起，对原有的政治社会体制提出了反思和质疑。身处这种社会环境，在他与当时一些杰出人士，如经济学家李嘉图、功利主义哲学家杰里米·边沁、法国社会学家奥古斯特·孔德等人的交往和思想交流中，尤其是在其灵魂伴侣哈丽特·泰勒的影响下，穆勒也对这些问题进行了思考，从而撰写和出版了大量的不朽之作。

在他的自由主义哲学代表作《论自由》中，穆勒先是界定了自己所称的"自由"与当时风靡一时的所谓"意志自由"之间的不同，提出了"多数人的暴政"这样一种激进、深刻而一针见血的观点，然后探讨了个人的"思想与讨论之自由""个性自由""社会对个人行使权力之限制"和"自由原则之应用"等几个方面，并且各自成章，旁征博引而又条理分明，向读者呈现了他对"自由"的整体思考。其中的关键就在于，穆勒认为，只要不涉及到他人的利害，个人就有完全的行动（包括言论）自由，他人和社会都不得加以干涉；只有当个人的言行危害到了他人利益时，才应受到社会的强制性惩罚。个人与社会的权力界限，就在于此。尤其是在言论自由方面，"就算除一人之外，所有人都持同一种观点，那么，即便只有这一个人持相反的观点，人类也没有理由去压制这个人的意见，道理跟此人若是大权在握，也没有理由去压制整个人类的声音是一样的"。这些观点，即便是现在看来，也具有重大的意义。比如说，我们不妨想一想，如今在网络上散布谣言，对自己不喜欢的观点动辄大肆口诛笔伐，甚至是对某个人物进行侮辱和攻击，种种现象层出不穷；某些人为了自己的利益，颠倒黑白，言行不一。这些做法，究竟是不是一百多年前穆勒提出的"自由"呢？

自清末著名翻译家严复的译本《群己权界论》以来，《论自由》在我国其实已经有了许多译本，而其中的大家之作，比比皆是。所以，接到编辑的翻译任务时，本人心中不免惴惴。然而，现在我们身处一个强调多元化发展的社会，所以本人认为，一部传世之作可以也理当有多种解读；这既是译者的"自由"，也是出版者的"自由"。至于喜欢与否及提出批评意见，就更是读者的"自由"了。当然，宥于学识眼界，尽管我在翻译过程中小心翼翼，也参考了自己能够找到的很多资料，但译文中不免还是会存有瑕疵甚至谬误之处，恳请读者不吝赐教。

写完后记之时，正值阳春三月，草长莺飞。站在春意盎然的乡间田野上，呼吸着新鲜甜美的空气，似乎能够闻到朝露的气息；柔风拂过，不禁让人想要张开双臂，有如鸟儿一样，自由自在地展翅翱翔。放眼当下，展望未来的每一个日子，必然能让大家更加深切地体会到"自由"的难能可贵吧。

毕竟，"自由"对于人类，就像亮光对于眼睛、空气对于肺腑、爱情对于心灵，谁能或缺？

欧阳瑾

2020 年 3 月于湖南

# 论自由

作者 _ [英]约翰·穆勒　　译者 _ 欧阳瑾 戴花

产品经理 _ 黄迪音　封面设计 _ 董歆昱　产品总监 _ 李佳婕

技术编辑 _ 白咏明　责任印制 _ 梁拥军　出品人 _ 许文婷

营销团队 _ 王维思　物料设计 _ 吴偲靓


## 鸣谢

贺彦军

果麦

www.guomai.cn

以 微 小 的 力 量 推 动 文 明

图书在版编目（ＣＩＰ）数据

论自由 /（英）约翰·穆勒著；欧阳瑾, 戴花译
. -- 上海：上海文化出版社, 2020.5（2024.11重印）
ISBN 978-7-5535-1960-9

Ⅰ.①论… Ⅱ.①约… ②欧… ③戴… Ⅲ.①自由-
研究 Ⅳ.①D081

中国版本图书馆CIP数据核字（2020）第063013号


出 版 人：姜逸青
责任编辑：郑　梅
特约编辑：黄迪音
装帧设计：董歆昱



书　名：论自由
作　者：[英]约翰·穆勒
译　者：欧阳瑾　戴花
出　版：上海世纪出版集团　上海文化出版社
地　址：上海市闵行区号景路 159 弄 A 座 2 楼　201101
发　行：果麦文化传媒股份有限公司
印　刷：嘉业印刷（天津）有限公司
开　本：880mm×1230mm　1/32
印　张：6.25
插　页：4
字　数：100 千字
印　次：2020 年 5 月第 1 版　2024 年 11 月第 12 次印刷
印　数：54,001–59,000
书　号：ISBN　978-7-5535-1960-9 / G · 320
定　价：39.80 元

如发现印装质量问题，影响阅读，请联系 021—64386496 调换。